Kokoutsè Djissénou

Pensées et Vie Harmonieuse!

Kokoutsè Djissénou

Pensées et Vie Harmonieuse!

Les Pensées du Seigneur, Puissants Eléments Vitaux Énergétiques pour mon bien-être.

Éditions Croix du Salut

Imprint
Any brand names and product names mentioned in this book are subject to trademark, brand or patent protection and are trademarks or registered trademarks of their respective holders. The use of brand names, product names, common names, trade names, product descriptions etc. even without a particular marking in this work is in no way to be construed to mean that such names may be regarded as unrestricted in respect of trademark and brand protection legislation and could thus be used by anyone.

Cover image: www.ingimage.com

Publisher:
Éditions Croix du Salut
is a trademark of
International Book Market Service Ltd., member of OmniScriptum Publishing Group
17 Meldrum Street, Beau Bassin 71504, Mauritius
Printed at: see last page
ISBN: 978-613-7-37045-2

Pensées et Vie Harmonieuse !

Kokoutsè Djissénou

PENSEES ET VIE HARMONIEUSE !

Les Pensées du Seigneur,

Puissantes Nourritures Spirituelles pour mon Ame,

Puissants Eléments Vitaux Energétiques pour mon bien-être !

Guide d'Eveil Spirituel

Honneur, Gloire, et Louange à :
Dieu le Tout-Puissant,
Notre Seigneur Jésus-Christ,
Esprit de Vie et de Paix de Dieu,

Remerciements, Gratitude et Hommage à :
Tous les Saints Prophètes de l'Ancien Testament,
Tous les Saints Apôtres du Nouveau Testament.

Ces Saints Prophètes et Apôtres que nous devons tous imiter avec une Bonne Foi et une Bonne Volonté, si nous souhaitons retourner vers le Pasteur et le Gardien de nos Ames.

TABLE DES MATIERES

AVANT-PROPOS

Penser, fait partie de la vie de l'Homme ! Au repos, en marche, au travail, sur le lit, presque partout où l'Homme se trouve, il réfléchit, il imagine, il concentre ses idées sur quelque chose, il analyse des faits, des situations, qui concernent sa vie ou la vie des autres ou les événements autour de lui.

Mais, est-il normal de penser ? L'Homme peut-il vivre sans penser ? Existe-t-il une Pompe de Stockage des Pensées au sein de l'Homme ? L'Homme peut-il décider de choisir ses Pensées ? Les Pensées font-elles du Bien à l'Homme ? La vie d'un Homme est-elle la manifestation de ses Pensées ? Les Pensées de l'Homme sont-elles dotées de Puissances, de Pouvoirs qui ont des influences sur sa vie en Bien ou en Mal ? Si Dieu disait que ses Pensées ne sont pas les Pensées des Hommes et que ses Voies ne sont pas les Voies des Hommes ; si l'Apôtre Paul nous commandait de n'avoir que des Pensées Vraies, des Pensées Honorables, des Pensées Justes, des Pensées Pures, des Pensées Aimables, des Pensées Qui méritent l'Approbation, des Pensées Vertueuses, des Pensées Dignes de Louange ; pouvons-nous dire que l'Homme subira les effets de ses propres Pensées en Bien ou en Mal ? Les Pensées sont-elles à l'origine du vieillissement, de la maladie et de la mort précoce des Hommes ? Les Pensées sont-elles à l'origine des guerres, des luttes, des vanités, des querelles et des corruptions ? Comment pouvons-nous avoir les Pensées de Dieu, afin d'avoir une Vie de Paix et d'Harmonie ?

J'ai écrit ce livre pour tous ceux qui sont victimes de leurs propres Pensées ; ceux qui sont malades à cause de leurs propres inquiétudes ; ceux qui ont la Bonne Volonté de se libérer des ardeurs cupides (envies, intérêts, égoïsmes), convoitises charnelles, mensonges, passions aveugles et chaotiques, prétentions insupportables ; ceux qui veulent avoir les Pensées de Dieu, afin d'accéder à la Liberté en Jésus-Christ, et avoir une Vie de Paix, de Félicité, d'Harmonie, pleine de Bonheur et de Longévité; et qui le resteraient encore longtemps, si rien n'est fait. Je partage ce livre avec eux, pour leurs montrer les effets des Pensées de l'Homme Charnel sur sa propre Vie, comparativement aux effets des Pensées Eternelles de Dieu. Mon intention est de vous donner un aperçu des énormes dangers que constituent nos Pensées et inquiétudes, de proposer un Processus de la Libération des Pensées Charnelles et Mortelles et d'Acquisition des Pensées Spirituelles et Immortelles de Dieu.

Si comme je vous le souhaite, vous aurez après Lecture et Méditation de ce livre, la connaissance des effets des Pensées sur la vie de celui qui les émet ; vous serez comment quitter vos Pensées Mortelles et demeurer dans les Pensées Eternelles de Dieu, afin d'avoir l'ouverture de votre Homme Intérieur et accéder à la Nature Divine des Saints et vivre dans la Vraie Paix.

J'ai la Certitude, que quiconque acquiert les Pensées de Dieu, est libéré de la Loi du Péché et de la Mort, a la Vie Eternelle. La Paix, le Bonheur et la Grâce du Seigneur l'accompagneront !

INTRODUCTION

§
QU'APPELLE-T-ON UNE PENSEE ?

***Ésaïe 55 : 8** « Car mes pensées ne sont pas vos pensées, et vos voies ne sont pas mes voies » ; **Proverbes 23 : 7a** « Car il est comme les pensées de son âme » ; **Epître de l'Apôtre Paul aux Philippiens 4 : 8** « Au reste, frères, que tout ce qui est vrai, tout ce qui est honorable, tout ce qui est juste, tout ce qui est pur, tout ce qui est aimable, tout ce qui mérité l'approbation, ce qui est vertueux et digne de louange, soit l'objet de vos pensées » ; **Première Epître de l'Apôtre Paul aux Corinthiens 2 : 16** « Or nous, nous avons la pensée de Christ ».*

Si Dieu a des Pensées, alors il ne pense que sur ses propres Pensées. Penser, chez Dieu le Créateur du Ciel et de la Terre, c'est revoir ses propres Pensées, c'est examiner ses propres Pensées, c'est regarder ses propres Pensées. A quoi pouvons-nous comparer les Pensées ? Les Pensées sont comme des images, des symboles, des dessins, des traits, des nombres, des lettres, des mots, des représentations, des figures qui expriment quelque chose. A travers ceci, je définis la Pensée, comme étant une image, un symbole, une représentation visible ou invisible, sur laquelle l'on concentre ses sens physiques et spirituels, ou que l'on contemple régulièrement. Lorsqu'un ami dit qu'il pense à quelque chose, il est capable de la décrire oralement ou à travers un dessin ; cette description ou ce dessin, est sa Pensée. Ce qui veut dire qu'une seule personne peut avoir plusieurs Pensées, selon le nombre de choses sur lesquelles, elle concentre ses sens physiques et spirituels. Le fait que l'Homme peut se rappeler de ses Pensées anciennes, de pouvoir les décrire oralement ou à travers des représentations imagées, nous montre que la capacité de penser fait appel à plusieurs éléments dont :

- Les sens physiques de l'intellect raisonneur (la vue, le toucher, l'ouïe, l'odorat, le gout) ;
- Les sens spirituels (la Mémoire qui permet de conserver les Pensées, l'Intuition qui permet de se souvenir des Pensées, l'Imagination par laquelle l'Homme capte un évènement, un fait marquant de sa vie, et le résume dans sa Mémoire sous forme de symbole (Pensée) ; l'Ame et l'Esprit, qui constituent une Pompe de Stockage de ses Pensées.

Un Homme âgé en bonne santé, peut se rappeler à 75 ans, un événement auquel il avait assisté lorsqu'il avait 15 ans et le décrire encore correctement, tout simplement parce que son Ame, l'avait bien saisi, l'avait bien résumé sous forme de symbole – ce symbole devient une Pensée stockée dans son Ame. Et si cet évènement avait fait du Bien à l'Ame, elle sera attirée à assister encore à ce dernier ; mais si cela ne lui avait pas fait du Bien, il en aura de la haine et du dégout; et dès qu'elle se trouve de nouveau devant un tel évènement, l'Homme va vite se rappeler et décider librement s'il doit

encore le subir ou l'éviter. Nous pouvons donc dire que l'Homme acquiert davantage des Pensées, à travers des Connaissances et Expériences Eprouvées.
Dieu ne pense que sur ses propres Pensées, qui sont Eternelles. Il les examine, les regarde, les contemple et les apprécie. C'est l'Homme né dans cette Sphère Temporelle et Mortelle, qui a des Pensées contraires aux Pensées de Dieu et des Voies différentes des Voies de Dieu ; qui a l'obligation de connaître les Pensées de Dieu. L'Homme peut ainsi être un malade, si ses Pensées sont opposées aux Pensées de Dieu.

§

D'OU PROVIENNENT LES PENSEES DE L'HOMME ?

D'où proviennent nos Pensées ? ***Epître de l'Apôtre Paul aux Philippiens 4 : 8 « Au reste, frères, que tout ce qui est vrai, tout ce qui est honorable, tout ce qui est juste, tout ce qui est pur, tout ce qui est aimable, tout ce qui mérité l'approbation, ce qui est vertueux et digne de louange, soit l'objet de vos pensées ».*** Dans ce verset, l'Apôtre Paul indiquait ce qui doit faire l'objet de nos Pensées. Il s'agira donc pour l'Homme d'aligner ses Pensées selon les Huit Pensées de Sanctification de l'Apôtre Paul, s'il veut connaître une Vie de Paix et d'Harmonie en Jésus-Christ. Mais nos Pensées ont-elles une source, existe-il une Pompe de Stockage de Pensées au sein de l'Homme ? Oui, les Pensées de l'Homme, sont dans son Ame. ***Proverbes 23 : 7a « Car il est comme les pensées de son âme ».*** L'Homme né dans cette Sphère Temporelle et Mortelle est doté de Deux Natures : Une Nature Inférieure, Corporelle, l'attachant à l'Inconscient Collectif et à ses Lois de Causes à Effets et une Nature Supérieure, Spirituelle qui constitue sa Conscience Différenciée de l'Universel, qu'il doit élargir sans cesse grâce à des Connaissances Eprouvées par une Bonne Foi et une Bonne Volonté, afin d'accéder à la Conscience Universelle de Dieu. L'existence du Principe de Dualité dans l'Homme, l'existence d'une Double Nature au sein de l'Homme, justifie le fait que nos Pensées auraient également une Double Nature. ***Ésaïe 55 : 8 « Car mes pensées ne sont pas vos pensées, et vos voies ne sont pas mes voies ».*** Voilà, un verset biblique qui confirme l'idée de l'existence d'une Double Nature de Pensées : les Pensées de Dieu, qui sont Spirituelles, Célestes, et Eternelles, constituent l'essence même du bagage de l'Ame de Vie dans la Nature Supérieure de l'Homme Spirituel ; et les Pensées de l'Homme Charnel qui sont Corporelles, Terrestres et Mortelles, attachées à sa Nature Inferieure. La Nature Supérieure de l'Homme Spirituel, qui est liée à son Ame de Vie Spirituelle, l'attire vers les Pensées de Dieu, vers les Voies de Dieu, vers les Choses Célestes et Eternelles ; alors que sa Nature Inférieure qui est du domaine de la Chair, est liée à son Ame de Vie Corporelle, l'attire vers les Pensées Charnelles et Mortelles, vers les Voies Terrestres. La Nature Inférieure, est du Domaine du Premier Homme, Adam ; elle est liée à la Loi du Péché et de la Mort, aux Choses Passagères...L'Homme vivant dans la Nature Inférieure, sera affectionné aux Choses Passagères, à ses ardeurs cupides (envies, intérêts, égoïsmes), convoitises, passions aveugles et chaotiques, désirs insupportables – qui constituent ainsi les Actions ou les Manifestations de ses Pensées Mortelles. A travers ceci, nous pouvons en conclure que l'Ame de Vie d'un Homme, porte en elle, son identité, sa naissance, sa jeunesse, sa vieillesse et sa mort ; elle porte l'histoire de sa vie terrestre et son niveau de croissance spirituelle. Un enfant, peut-être né avec un niveau de développement spirituel très élevé comparativement à un adulte très instruit, selon le niveau spirituel atteint par l'âme de l'enfant avant sa naissance. Les Pensées emmagasinées dans l'Ame de Vie Corporelle, appartiennent à la Dimension Horizontale, Terrestre, et Mortelle de l'Homme Charnel, et sont donc vouées à la Condamnation, à la Loi du Péché et de la Mort. Quiconque émette des Pensées Charnelles, vit dans la Loi du Péché et de la Mort, il est attaché aux Affections du Corps qui sont les ardeurs cupides (envies, intérêts, égoïsmes), passions aveugles et chaotiques, désirs insupportables, vanités, convoitises charnelles…qui se manifesteront dans sa Vie par le désordre, la colère, la témérité, l'intempérance, l'ignorance, l'avarice, le vol, le mensonge, l'idolâtrie, l'adultère, la fornication, le mécontentement, la culpabilité, la dépression, l'inquiétude, l'erreur, la tristesse, la méchanceté…*1° La cause profonde de la maladie, n'est rien d'autre que l'accumulation des Pensées Charnelles ; 2° La cause profonde du Vieillissement Précoce de l'Homme, n'est rien d'autre que l'accumulation des Pensées Charnelles ; 3° La cause profonde de la Mort Précoce, n'est rien d'autre que l'accumulation des Pensées Charnelles.* Si l'Homme décide de se nourrir de ses Pensées Charnelles qui sont du domaine de la Chair et du Corps, il sera de plus en plus plongé dans la Voie du Mal ; et donc ira en Perdition et en Condamnation. Si l'Homme décide de se nourrir des Nourritures Spirituelles Pures (les Huit Pensées de Sanctification de l'Apôtre Paul-***Epître de l'Apôtre Paul aux Philippiens 4 : 8 « Au reste, frères, que tout ce qui est vrai, tout ce qui est honorable, tout ce qui est juste, tout ce qui est pur, tout ce qui est aimable, tout ce qui mérité l'approbation, ce qui est vertueux et digne de louange, soit l'objet de vos pensées »,*** les Sept Vertus Spirituelles de la Sagesse d'en Haut de l'Apôtre Jacques-***Epître de Jacques 3 : 17-18 « La sagesse d'en haut est premièrement pure, ensuite pacifique, modérée, conciliante, pleine de miséricorde et de bons fruits, exempte de duplicité, d'hypocrisie. Le fruit de la justice est semé dans la paix par ceux qui recherchent la paix »),*** qui sont du domaine de Notre Seigneur et Sauveur Jésus-Christ, il connaîtra la Santé, la Paix et une Vie Harmonieuse. Ce qui signifie que les Pensées, elles-mêmes constituent des Nourritures Spirituelles pour les Hommes. Nos Pensées, sont de Puissants Eléments Vitaux Energétiques et ce sont elles, qui constituent nos Puissantes Nourritures. Tout comme un repas contient des aliments, qui vont se digérer dans le tube digestif et libérer des Nutriments utiles pour le bon fonctionnement des cellules de tout l'Organisme, et qui par-là, fait du Bien à la triade Corps-Ame-Esprit ; les Pensées de Dieu constituent de Puissantes Nourritures pour la triade Corps-Ame-Esprit. Si l'Homme décide de se nourrir des Pensées Charnelles qui sont des Nourritures Spirituelles Mortelles, qui sont du domaine de la Chair, c'est-à-dire de la Loi du Péché et de la Mort ; il en subira les conséquences ou les effets de ses Pensées Charnelles. Ces Pensées Charnelles, étant des Nourritures Spirituelles Mortelles, sont du domaine du Corps Périssable et Mortel. L'accumulation de Pensées Charnelles, vont déclencher tôt ou tard des dysfonctionnements conformément à la gravité et l'intensité de celles-ci. Si l'Homme pense au Mal, au Péché, son Corps Mortel émettra des Distorsions d'Energies Négatives, qui s'accumuleront dans ces cellules ; et arriver à un niveau donné, ces mêmes Pensées Charnelles, deviendront de plus en plus énergétiques jusqu'à vouloir s'éclater comme une bombe. L'Homme peut ainsi, s'autodétruire grâce à l'accumulation de ses propres Pensées Charnelles. Si l'Homme s'attache à l'Inconscient Collectif, qui est du domaine des Affections de la Chair, il peut se nourrir des Pensées de plus en plus Charnelles, jusqu'à se détruire totalement. Certaines crises de dépression, de trouble du rythme cardiaque, de trouble du métabolisme, et les suicides, sont causées par les Affections de la Chair. Le seul fait d'émettre des Pensées Charnelles constitue un Péché et condamne l'Homme à en subir les conséquences. Si l'Apôtre Paul commandait les Croyants à n'émettre que ces Huit Pensées, cela signifie que le contraire serait fatal. Nous pouvons donc comprendre que la Mort précoce du Corps Terrestre, n'est rien d'autres que l'accumulation de Pensées Charnelles, qui étant des Nourritures Spirituelles Mortelles, affectent toutes les cellules du Corps, affectent l'Ame, affectent l'Esprit de l'Homme, jusqu'à la détérioration complète de ses cellules. Si l'Homme décide avec une Bonne Foi et une Bonne Volonté, de vivre selon l'Esprit de Vie et de Paix de Dieu, il doit ajouter à cette décision, la mise en pratique des Huit Pensées de Sanctification de l'Apôtre Paul. Ces Huit Pensées de Sanctification, permettent d'engloutir les Pensées Charnelles en nous, c'est-à-dire les Désirs de la Chair en nous, et par là le Péché et donc la Mort. Si la consommation de Mauvaises Nourritures (repas trop gras, trop salé, trop sucré) peut rendre malade, voire causée la Mort à l'Homme ; la consommation de Pensées Charnelles, qui sont des Nourritures Spirituelles Mortelles aura le même effet. Tout comme une femme va au marché, achète de différents ingrédients (fruits, légumes, poissons, et autres) pour préparer un repas, pour le bien-être de toute sa famille ; de la même manière, l'Homme a l'obligation de choisir minutieusement ses Pensées, s'il veut vivre en Bonne Santé, s'il veut connaître la Paix et l'Harmonie. « ***soit l'objet de vos pensées »,*** ce trope indique un Commandement, il y aura problème si les Pensées de l'Homme ne sont pas conformes aux Pensées de Dieu. Les règles d'or d'une Vie Harmonieuse de Paix, de Santé, de Joie, de Bonheur, de Longévité, résident pour les descendants d'Adam, dans l'abandon de leurs Pensées qui sont Passagères, et donc Mortelles ; et la mise en pratique des Huit Pensées de Sanctification de l'Apôtre Paul, avec tout leur Cœur, toute leur Ame et toute leur Force, avec une Bonne Foi, une Bonne Volonté. ***Deuxième Epître de l'Apôtre Paul aux Corinthiens 4 : 18 « parce que nous regardons, non point aux choses visibles, mais à celles qui sont invisibles ; car les choses visibles sont passagères, et les invisibles sont éternelles ».*** Comme je l'avais défini plus haut, la Pensée est une image, un symbole, une représentation visible ou invisible, sur laquelle l'on concentre ses sens physiques et spirituels, ou que l'on contemple régulièrement. Les Pensées de Dieu, constituent un ensemble de Choses qui sont ses Lois, Statuts, Commandements, Ordonnances, et Préceptes, auxquelles Dieu même est soumis et nous appel à nous soumettre aussi, pour vitre en Ordre et Harmonie avec Lui. Ces Pensées sont donc en Ordre et Harmonie avec les Choses Terrestres et Célestes ; l'Homme a l'obligation d'abandonner ses propres Pensées qui sont attachées aux Choses Visibles de sa vie et de s'attacher aux Pensées de Dieu, qui constituent sa Sagesse Mystérieuse et Cachée. Sur quoi portent nos regards, nos entendements, nos cœurs, nos sentiments, nos passions, nos convoitises ? L'Apôtre Paul portait ses regards sur les Vérités Eternelles, sur les Pensées de Dieu, sur les Choses que les yeux charnels n'ont point vues, que les oreilles charnelles n'ont point entendues, les Choses que Dieu révèle à ses enfants bien-aimés par l'Esprit. La perdition pour un Homme, c'est de porter ses regards, ses entendements, son cœur, ses sentiments, ses passions, sur tout ce qu'il voit dans son environnement immédiat ou lointain (sa maison, sa voiture, sa moto, ses meubles, son argent, ses terres,…) – toutes ses choses sont visibles et passagères, et amènent donc en Perdition Totale ; le Seigneur dira « qu'il est difficile à un riche d'entrée dans le Royaume de Dieu ». La Vie Eternelle, c'est que les Hommes connaissent Dieu, qu'ils connaissent son Fils Jésus-Christ, qu'ils n'aient que les Pensées du Père Céleste dans leurs Ames de Vie, car seules les Pensées du Père sont Eternelles. Acquérir les Pensées et les Voies du Père, les regarder en tout temps, les contempler en tout temps, les méditer en tout temps et marcher selon elles, c'est ça l'Illumination Christique ! « *parce que nous regardons* », ce trope indique quelque chose de Présence, d'Ici et Maintenant ; l'Apôtre Paul disait que les Saints, regardent les Choses Invisibles qui sont Eternelles - indication au Temps Présent. Avant de regarder les Choses Invisibles dont nous parlent les Saints dans ce verset, il faut les connaître parfaitement, les posséder pleinement dans son Ame, elles deviendront ainsi des Pensées c'est-à-dire des images, symboles, mots, scènes, dessins, traits, représentations, qu'on peut regarder, contempler régulièrement. Pourquoi devons-nous les regarder régulièrement ? Nous devons les regarder régulièrement, parce qu'elles sont Eternelles, elles sont des déclinaisons de la Providence Divine. Les Pensées de Dieu, constituent le Bagage Spirituel Eternel des Ames de Vie ; les chercher, les retrouver, les garder dans son Ame, en les regardant en tout temps, en les contemplant comme dans un miroir, c'est ça l'Illumination Christique ! Ce que l'Ame cherche tant, ce que l'Ame recherche depuis sa séparation avec le Père dans le Jardin d'Eden, ce sont les Pensées de Dieu. Ces Pensées qui sont Eternelles, et qui mènent à la Connaissance de Dieu. Lorsque l'Ame retrouve les Pensées de Dieu, elle est libérée définitivement de la Condamnation ; pas partiellement, mais totalement. Ce qui libère l'Ame de la Loi du Péché et de la Mort, c'est la Connaissance de Dieu, elle rend l'Ame bonne, homogène et parfaite. Elle permet à l'Ame de retourner vers son Dieu, d'entrer dans son Royaume et de revivre la Vie de Communion avec le Père.

...§...

Cantique Spirituel

POUR AVOIR LES PENSEES DU SEIGNEUR
(To Have the Thoughts of the Lord)

1. Je m'abandonne à Toi, O Seigneur !
J'abandonne ma Nature Corruptible et Périssable !
J'abandonne ma Nature Corporelle et Mortelle !

Refrain :
Seigneur, je sais que tes Pensées seules sont Saintes et Eternelles !
Seigneur, je découvre afin tes Pensées Véritables !
Seigneur, je veux que tes Pensées demeurent en moi en tout temps !

2. Je veux avoir tes Pensées, O Seigneur !
Je veux accéder à ma Nature Spirituelle et Immortelle !
Je veux demeurer dans ta Nature Divine et Eternelle !

3. J'abandonne mes Pensées Fausses et Non Honorables !
J'abandonne mes Pensées Injustes et Impures !
J'abandonne mes Pensées Non Aimables, qui ne méritent pas l'Approbation !

4. Je veux que mes Pensées soient Vertueuses et Dignes de Louange !
Je veux que mes Pensées m'apportent la Joie et le Bonheur en tout temps !
Je veux que mes Paroles et mes Actions, soient semblables à ta Sagesse Mystérieuse !

POUR AVOIR LES PENSEES DU SEIGNEUR
(To Have the Thoughts of the Lord)

...§...

§

LES PENSEES VRAIES ET LES PENSEES FAUSSES

La Double Nature de l'Homme, lui permet d'avoir des Pensées Vraies et des Pensées Fausses. Mais les unes tirent l'Homme dans l'Involution et les autres le tirent dans l'Evolution. Les Pensées Vraies sont des Pensées Conformes aux Lois Harmonie de Dieu, autrement des Pensées Conformes aux Pensées de Dieu. La réalité, la grille de référence, c'est l'ensemble des Pensées de Dieu. L'Homme pour vivre en Paix, Ordre et Harmonie avec Dieu, doit avoir ses Pensées. Lorsque les Pensées de l'Homme sont opposées aux Pensées de Dieu, alors on parlera de Pensées Fausses. Toutes les Pensées Vraies, se trouvent dans la Sagesse de Dieu. Quiconque possède la Sagesse

Mystérieuse et Cachée de Dieu, possède tout ! L'Apôtre Paul, nous indiquait que ***« il faut que tout ce qui est vrai, soit l'objet de nos pensées »*** ; il trace ainsi à travers ce trope, une des voies qui nous mène vers la Sagesse de Dieu. Si l'Homme doit imaginer, faire des symboles, des représentations, qui constitueront des Pensées de son Ame, il faut que ces symboles soient vrais. Tout ce que l'Homme pense, doit être vrai, car sa Pensée le définit aux siècles des siècles. L'Ame est une Pompe de Stockage des Pensées, elle conserve toutes nos Pensées ; le problème est que les Pensées Fausses, l'attirent vers le Monde d'en Bas et les Pensées Vraies l'attirent vers le Monde d'en Haut. A travers ce trope, l'Apôtre Paul, indiquait le processus du chemin retour de l'Ame vers le Père Céleste. La Purification de l'Ame passe par l'abandon des Pensées Fausses et l'appropriation de tout ce qui est vrai. Chaque fois que je voudrais concentrer ma Pensée sur quelque chose, il faut que je m'assure que cette dernière est vraie ; si la chose n'est pas vraie alors, il faut que j'abandonne. Avoir des Pensées Fausses, c'est avoir des idées caricaturales, imaginaires, mensongères sur sa Vie, sur les évènements de sa Vie et sur les autres. Emettre des Pensées Fausses, c'est se tromper volontairement, mentir à soi-même…avoir des idées dont-on savait bien qu'elles ne sont pas vraies.

Si nos Pensées émettent autour de nous, des Vibrations ; les Pensées Fausses émettront autour de l'Homme, des Vibrations Négatives, des décharges d'Energies Négatives Impures…Plus l'Homme s'attache à sa Nature Inférieure, plus l'Homme s'attache aux Actions du Corps, plus il émettra des Pensées Fausses ; ce qui va créer autour de lui, un ensemble d'Entités Vivantes Impures…Chaque Pensée Fausse, est une Entité Vivante Impure, et plus l'Homme aura de plus en plus des Pensées Fausses, il en résultera un ensemble d'Entités Vivantes Impures ou d'Eléments Vitaux Energétiques Impurs qui seront présents autour de son Corps Physique, dans son lieu d'habitation et dans tout ce qu'il touche. Les Pensées Fausses font la guerre à l'Ame ; le vrai propriétaire de l'Ame, c'est les Pensées de Dieu ; mais si nous donnons accès aux Choses Terrestres et Passagères, de prendre place abondamment dans notre Ame, elle s'attriste, et va en perdition ! L'Homme animé de Pensées Fausses, Mensongères, peut ainsi contaminer ou corrompre une autre personne ou une autre habitation. Celui qui émet sans cesse des Pensées Fausses, sera attiré par des Entités Spirituelles Impures, Esprits Méchants dans les lieux Célestes, Esprits Démoniques, qui émettent et se nourrissent de ces mêmes Pensées. On comprend pourquoi certaines personnes se trouvent accablées par des difficultés, des problèmes, des soucis qu'ils n'arrivent pas à gérer jusqu'à mourir...tout simplement parce que lorsque l'Homme traverse un problème, au lieu de chercher la voix de sortie à travers des Pensées Vraies, il choisit la voix des Pensées Fausses, il crée ainsi autour de lui, une Pompe d'Entités Spirituelles Impures (Corps Subtils), d'Esprits Mauvais et d'Eléments Vitaux Energétiques Impurs qui finiront par le détruire. Les signes extérieurs de ceci, sont le désordre, l'intempérance, la témérité, l'inquiétude, qu'on constate dans la Vie de l'Homme qui émette des Pensées Fausses. Les signes intérieurs, sont le disfonctionnement total des cellules du Corps aboutissant à une atrophie de celles-ci, entraînant la maladie et la Mort. L'Apôtre Paul nous commandait de n'avoir que des Pensées Vraies. Les Pensées Fausses attirent dans l'Homme Charnel, des Entités Spirituelles Impures et le dénaturent; les Pensées Vraies, au contraire, nous purifient et permettent de nous dépouiller des choses anciennes, des Actions du Corps ; en créant au sein de notre Ame de Vie Spirituelle, une Pompe d'Energies Spirituelles Pures, d'Eléments Vitaux Immortels, qui vont attirer des Entités Spirituelles Célestes (Anges, Dominations, Principautés, Vertus, Génies du Seigneur). Demeurer dans les Pensées Vraies, nous permet de vivre en Communion avec Dieu, avec son Fils Jésus-Christ et avec les Saints. *1° Les Pensées Vraies permettent d'engloutir en nous, les Œuvres de la Chair ; 2° Les Pensées Vraies, permettent de sortir de l'Inconscient Collectif et ses Lois de Causalité ; 3° Les Pensées Vraies, permettent d'accéder à la Conscience Universelle de Dieu.* L'existence des Entités Spirituelles Pures (Corps Subtils), des Vibrations d'Energies Subtiles Invisibles autour d'un Homme peut être confirmé par des passages bibliques. La vie des Saints Apôtres de Christ, avait été marquée par un fait extraordinaire : la guérison des malades par l'ombre des Saints. ***Actes 5 : 12-16 « Beaucoup d miracles et de prodiges se faisaient au milieu du peuple par les mains des apôtres. Ils se tenaient tous ensemble au portique de Salomon, 13 et aucun des autres n'osait se joindre à eux ; mais le peuple les louait hautement, 14 Le nombre de ceux qui croyaient au Seigneur, homme et femmes, s'augmentaient de plus en plus ; 15 en sorte qu'on apportait les malades dans les rues et qu'on les plaçait sur des lits et des couchettes, afin que, lorsque Pierre passerait, son ombre au moins couvrît quelqu'un d'eux. 16 La multitude accourait aussi des villes voisines à Jérusalem, amenant des malades et des gens tourmentés par des esprits impurs ; et tous étaient guéris ».*** La Purification, créée autour du Corps Physique d'un Homme, un ensemble de Corps Subtils Purs, d'Entités Spirituelles Pures, de Vibrations d'Energies Subtiles Invisibles, qui peuvent guérir les malades, qui peuvent changer l'atmosphère d'un lieu, qui peut délivrer les personnes possédées de démons impurs. Celui qui arrive à demeurer totalement dans les Pensées de Dieu, peut faire du Bien à son entourage ; son Corps sera Chargé, d'Eléments Vitaux Energétiques Purs qui attire autour de lui, rien que du Bien, du Vrai. Les Saints marchent dans la voie de la Lumière, sous la conduite et la sauvegarde des Anges de Dieu, animés par un ensemble de Corps Subtiles Purs ; les méchants au contraire, marchent sous la conduite des Anges de Satan, ils sont habités par un ensemble de Corps Subtils Impurs. On comprend pourquoi dans la plupart des tableaux des Saints, on peint autour de leur tête, le symbole d'un cercle ; qui est une auréole d'Entités Spirituelles Pures, de Corps Célestes Purs, de Vibrations Spirituelles Subtiles Invisibles. C'est la colombe blanche du Saint-Esprit, la couronne qui brille comme une auréole de lumière sur leur tête ; ils possèdent toutes les Pensées de Dieu, disposant du Don d'Omniscience, et c'est ce qui fait d'eux des Sacrificateurs de Dieu pour toujours selon l'Ordre de Melchisédech. L'Apôtre Paul, pour tout résumé, disait que les Saints, ont la Pensée de Christ. ***Première Epître de l'Apôtre Paul aux***

Corinthiens 2 : 16 « Or nous, nous avons la pensée de Christ ». Que celui qui a des oreilles, entente !

Vivre en ayant que des Pensées Vraies, doit être avant tout un choix, une décision clairement manifestée…Les évènements quotidiens seront toujours présents, les scènes, les faits, auxquels nous assistons dans nos vies quotidiennes seront toujours présents. Mais, nous devons nous aligner sur les Vibrations Spirituelles Pures de la Providence Divine, à travers nos Pensées. Vivre en ayant que des Pensées Vraies, nécessite premièrement une Bonne Volonté clairement manifestée, et du Discernement Spirituel. La Bonne Volonté, nous donnera la Force Toute Puissance de Dieu, pour que nos Pensées soient conforment à la Volonté de Dieu. Nous n'allons plus subir le flux de nos Pensées Charnelles, mais nous seront auteurs de nos Pensées. Nous allons émettre des Pensées de notre choix, conformes aux Lois d'Harmonie de Dieu. Ceux qui émettent des Pensées Fausses, sont ceux qui sont manipulés par des Entités Spirituelles Impures, des Esprits Mauvais, qu'ils avaient attirés dans leurs vies à travers leurs propres Pensées. Autrement dit, la vie de désordre dans laquelle quelqu'un se trouve aujourd'hui, est due à l'accumulation de ses propres Pensées Fausses d'hier. Les Pensées obéissent ainsi à la Loi de cause à effet, à la Loi de semer et récolter. Les Pensées attirent ainsi des Entités Spirituelles dans nos Vies. Celui qui émet continuellement des Pensées Fausses, se nourrisse d'Eléments Vitaux Energétiques Charnels, qui finiront tôt ou tard par le détruire complètement. L'Homme qui émet sans cesse des Pensées Fausses, accumule dans son Corps, des Eléments Vitaux Energétiques Négatives, qui attireront des Entités Spirituelles Impures ; qui finiront par le détruire : beaucoup de cas de paralysie ou d'hémiplégie, sont dus à l'émission incessante de Pensées Fausses. Si nous n'avons que des Pensées Vraies, notre Vie sera en Harmonie avec les Lois d'Harmonie de la Divine Providence ; ce qui nous donnera la Paix, la Santé ; ce qui nous permettra d'être accompagné par des milices d'Anges du Seigneur. Mais si nous n'émettons que des Pensées Fausses, *1° nos vibrations vont attirer des Entités Spirituelles Impures, 2° nos vibrations vont attirer des personnes possédées de Démons Impurs, 3° nos vibrations vont attirer des Esprits Mauvais, 4° nos vibrations vont attirer des lieux impurs, 5° nos vibrations vont attirer des circonstances difficiles…* et nous subiront les influences négatives.

Développer des Pensées Vraies, c'est apprendre à surveiller ses propres Pensées. Lorsque nous décidons de surveiller nos Pensées, nous allons petit à petit connaître la source principale de nos Pensées. Nous allons déceler la Pompe qui les produit en nous… Ainsi, nous serons nous-même responsables de nos Pensées pour ne point les subir. Nous pouvons ainsi commander des Pensées de plus en plus Vraies, des Pensées Vraies selon l'Esprit de Vie de Dieu, des Pensées riches en Eléments Vitaux Energétiques, en Nourritures Spirituelles Pures pour notre Corps, notre Ame et notre Esprit. Commencez par observer vos Pensées et vous verrez que vous pouvez les écouter, les sentir et donc les contrôler. Petit-à-petit, vous serez comment adapter vos

Pensées à des faits et évènements de vos Vies. Vous serez quand vous êtres hors ligne, vous serez quand vous aviez dépassé le seuil des Pensées de Dieu, et ait tombé dans les Pensées Mortelles de l'Homme Charnel; et alors que vous arrivez à reconnaître la zone du débordement, vous pouvez décider désormais de n'avoir que des Pensées de Dieu. Même lors des discussions entre amis, frères, sœurs, familles, vous pouvez vous donner comme commandement personnel, de n'avoir que des Pensées de Dieu ; et la Providence Divine vous aidera. Avec le temps, toutes les Pensées Fausses disparaitront de vos vies, et suscitera dans votre environnement, la Paix, l'Harmonie, la Santé et le Bonheur. Vos Pensées seront comme un Courant Magnétique Céleste, une Energie Divine, elles seront de Vraies Pensées et vous donnera le caractère d'un Bon Leader, lors des discussions, des conférences. Vous aurez ainsi des Pensées Célestes, qui seront en Harmonie avec les Hiérarchies Supérieures et les Voies de Dieu. Grâce à vos Pensées, vous pouvez déplacer des montagnes ! Si vous êtes enseignant, formateur, journaliste, vous n'allez pas manquer de réponse sûre et vraie pour donner d'explications variées à votre auditoire. Si vous êtes chef projet, ou directeur d'entreprise, vos Pensées seront très utiles pour l'avancement de vos affaires. Tout simplement parce que vos Pensées ont leur source dans l'Esprit de Dieu, dans la Source Mère de la Pensée Divine. Puisqu'elles sont désormais liées au Pasteur et Gardien des Pensées Divines, elles seront en Harmonie avec les Lois, Commandements, Statuts, Préceptes et Ordonnances de Dieu. La foule était toujours frappée des enseignements de Jésus-Christ, tout simplement parce que les Pensées du Christ, étaient des Pensées de Dieu ; son Ame et son Esprit sont unis au Père Céleste. Puisque les Pensées préexistent aux Paroles et aux Actions, tout ce qui sort de la bouche du Christ, est de la Providence Divine, est Vérité Absolue.

Grâce à la mise en pratique des Nourritures Spirituelles Pures (les Huit Pensées de Sanctification de l'Apôtre Paul-***Epître de l'Apôtre Paul aux Philippiens 4 : 8*** ***« Au reste, frères, que tout ce qui est vrai, tout ce qui est honorable, tout ce qui est juste, tout ce qui est pur, tout ce qui est aimable, tout ce qui mérité l'approbation, ce qui est vertueux et digne de louange, soit l'objet de vos pensées »***, les Sept Vertus Spirituelles de la Sagesse d'en Haut de l'Apôtre Jacques-***Epître de Jacques 3 : 17-18*** ***« La sagesse d'en haut est premièrement pure, ensuite pacifique, modérée, conciliante, pleine de miséricorde et de bons fruits, exempte de duplicité, d'hypocrisie. Le fruit de la justice est semé dans la paix par ceux qui recherchent la paix »***), l'Homme adhère aux Paroles Vraies et aux Actions Vraies. L'Homme peut ainsi reconquérir le Pouvoir du Verbe Vivant de l'Adam, le Premier Homme, s'il arrive à n'avoir que des Pensées de Dieu. Les promesses du Seigneur Jésus-Christ à ceux qui auront cru en son nom, sont toujours d'actualité : Lorsque nos Pensées auront pour source, la Pompe à Pensées qui est dans la Divinité du Père, alors nous aurons le Pouvoir du Verbe Vivant du Créateur. Nous pouvons réaliser de choses extraordinaires selon la Volonté du Père. Pourquoi aujourd'hui les Hommes de Dieu, n'arrivaient plus à faire les exploits des premiers Apôtres de Christ ? Les premiers Apôtres n'avaient pas besoin nécessairement de construire des camps ou centres de prière et de guérison miraculeuse. Ils sont accompagnés par des miracles de guérison, de délivrance de toutes sortes de maladies et d'impuretés. Les miracles de Christ les accompagnaient. On alignait les malades, lorsqu'on savait que l'Apôtre Pierre allait passer, et son ombre guérissait les malades. Lorsqu'on touchait les malades avec les linges et mouchoirs de l'Apôtre Paul, ils recevaient guérison. Tout simplement, parce qu'ils étaient de vrais imitateurs de Jésus-Christ, ils avaient la Pensée de Christ.

...§...

Cantique Spirituel

LES VRAIES PENSEES SONT A L'ETERNEL
(True Thoughts Belong to the Lord)

1. Les Pensées de Paix, sont à l'Eternel !
Les Pensées de Joie, sont à l'Eternel !
Les Pensées de Bonheur, sont à l'Eternel !

Refrain :
Les Vraies Pensées sont à l'Eternel !
Oui, les Vraies Pensées sont à Lui ! (Bis)

2. Les Pensées de Prospérité, sont à l'Eternel !
Les Pensées de Succès, sont à l'Eternel !
Les Pensées de Gloire, sont à l'Eternel !

3. Les Pensées de Santé, sont à l'Eternel !
Les Pensées de Longévité, sont à l'Eternel !
Les Pensées de Bénédictions, sont à l'Eternel.

LES VRAIES PENSEES SONT A L'ETERNEL
(True Thoughts Belong to the Lord)

...§...

§

LES PENSEES HONORABLES ET LES PENSEES NON HONORABLES

Si des Pensées Honorables existent, alors des Pensées Non Honorables existent également. Il s'agira pour l'Homme de connaître les effets des Pensées Honorables sur sa Vie et les effets des Pensées Non Honorables sur sa Vie. Les Pensées préexistent à la Parole et à l'Action. C'est ce que l'Homme pense, régulièrement, qu'il émettra un jour à travers sa Parole et ses Actions. Donc l'Homme devient ainsi le fruit ou le produit de ses propres Pensées en Bien ou en Mal. Si l'Homme a des Pensées Honorables, qui méritent d'être honorer, dignes d'estime, de respect, de satisfaction ; ces mêmes Pensées qu'il émet jour et nuit, vont le connecter aux Hiérarchies Célestes Pures et aux Puissances Divines, et créer autour de lui, des Vibrations Spirituelles Pures qui vont attirer des Entités Célestes Pures (Anges, Armées du Seigneur) qui seront à son service. Nous pouvons ainsi être accompagnés par des Milices d'Anges du Seigneur, si nous décidons de n'avoir que des Pensées Honorables. ***Josué 5 : 13-15 « 13 Comme Josué était près de Jéricho, il leva les yeux, et regarda. Voici, un homme se tenait debout devant lui, son épée nue dans la main. Il alla vers lui, et lui dit : Es-tu des nôtres ou de nos ennemis ? 14 Il répondit : Non, mais je suis le chef de l'armée de l'Eternel, j'arrive maintenant. Josué tomba le visage contre terre, se prosterna, et lui dit : Qu'est-ce que mon seigneur dit à son serviteur ? 15 Et le chef de l'armée de l'Eternel dit à Josué : Ote tes souliers de tes pieds, car le lieu sur lequel tu te tiens est saint. Et Josué fit ainsi ».*** Tout comme Josué, qui avait communiqué avec le chef de l'armée de l'Eternel avant la prise de Jéricho, nous pouvons également être accompagnés par des Milices d'Anges de Dieu, si nous décidons de n'avoir que des Pensées Honorables riches en Éléments Vitaux Energétiques. Les Pensées Honorables nous lient à notre Nature Supérieure; ce qui nous permet d'accéder à la Nature Divine des Saints et à vivre en Communion avec Dieu et avec son Fils Jésus-Christ. Les Pensées Non Honorables, au contraire, nous lient à notre Nature Inférieure, à la Nature du Premier Homme, Adam. Les Pensées Non Honorables, sont des Pensées qui avaient entrainé la chute d'Adam et Eve ; ce sont des Pensées animées d'Ardeurs Cupides (envies, intérêts, égoïsmes). Ces Pensées sont des Pensées d'Echec, de Diminution, de Malheur, de Dénigrement, d'Orgueil, d'Arrogance, de Vanité, de Prétentions Insupportables…*1°Au lieu de Pensées Succès, l'Homme animé d'Ardeur Cupide pense Echec ; 2°Au lieu de penser Elévation, l'Homme animé d'Ardeur Cupide, pense Diminution ; 3° Au lieu de Penser Bonheur, l'Homme animé d'Ardeur Cupide, pense Malheur ; 4°Au lieu de penser Dignité, l'Homme animé d'Ardeur Cupide, pense Dénigrement ;…* L'Apôtre Paul nous commandait de n'avoir que des Pensées Honorables...ce qui veut dire que si nous arrivons à demeurer dans les Pensées de Dieu ; nous pouvons décider volontairement de n'émettre que des Pensées Honorables. A quoi faisant ? A travers la Méditation Spirituelle, nous pouvons nous commander des Pensées de plus en plus énergétiques, composées d'Eléments Vitaux Energétiques Pures, de Puissantes Nourritures Spirituelles Pures. Tout s'acquiert dans la Pratique de la Bonne Foi et de la Bonne Volonté. Si certains pensent que les miracles sont finis avec les Premiers Apôtres de Jésus-Christ ; c'est justement parce qu'ils ne mettent pas les Paroles de Christ en pratique dans leurs Vies. Il faut ajouter à la Bonne Foi, la Bonne Volonté et à la Bonne Volonté, des Pensées Honorables. Et lorsque l'Homme ajoute à la Bonne Foi, la Bonne Volonté et à la Bonne Volonté, des Pensées Honorables, il entrera en Résonnance ou en Induction avec les Vibrations Spirituelles de la Divine Nature. Il se nourrira des Eléments Vitaux Energétiques composés de Puissantes Nourritures Pures ; et aura l'assistance et le secours des Milices d'Anges du Seigneur.

Ainsi tout son Corps-Ame-Esprit entrera en Induction avec la Conscience Universelle de Dieu. Cet Homme peut expérimenter l'efficacité de la Foi de l'Evangile de Christ. Pour cet Homme, oser c'est pouvoir. Tous les Prophètes de l'Ancien Testament et les Apôtres du Nouveau Testament, avaient des Pensées Honorables. Le principal problème des Hommes, c'est qu'ils n'ont pas encore le Grade de Disciples de Christ…ce qui fait que la plupart prient et ne reçoivent rien, la plupart demandent à Dieu, mais n'obtiennent pas de réponses…Tout simplement parce qu'ils avaient en eux, des Pensées Fausses et Non Honorables. Car, il faut que la Conscience de l'Homme soit premièrement unie à la Conscience Universelle de Dieu. Nos Paroles commenceront à avoir les effets que nous souhaitions lorsque nos Pensées seront Vraies et Honorables conformément aux Eléments Vitaux Energétiques de la Providence Divine. ***« que tout ce qui est honorable, soit l'objet de vos pensées »,*** Si nous avons des Pensées Fausses et Non Honorables, attachées à Notre Nature Inférieure, et que nous demandons des Choses Célestes appartenant à la Nature Supérieure, cela ne pourra pas marcher ; puisque nos Pensées sont opposées à celles de Dieu. Nos Pensées doivent quitter la Nature Inférieure Involutive pour accéder à la Nature Supérieure Evolutive ; ainsi, elles seront animées des mêmes Eléments Vitaux Energétiques que le Père, elles pourront alors porter de Bons Fruits. Si les Paroles de Christ pouvaient multiplier des poissons aux affamés, pouvaient guérir des malades, pouvaient ressusciter des morts, c'est qu'elles étaient en Induction avec les Eléments Vitaux Energétiques du Père, c'est parce qu'elles étaient animées des mêmes Vibrations Spirituelles Pures du Père, c'est qu'elles étaient unies aux Pensées du Père. Nous devons donc laisser les Pensées de Dieu prendre place en nous, occuper totalement notre Esprit afin de pouvoir vivre la vie de gloire en gloire des Pensées Honorables. Tout d'abord nous devons nous abandonner totalement à Dieu, en offrant nos Corps Mortels à Lui, comme un sacrifice vivant et agréable. L'Esprit de l'Homme est un Vase d'Or, capable de contenir toute la Divinité de Dieu. Mais avant de voir la Divinité de Dieu descendre en nous totalement, nous devons en manifester le besoin à Dieu…nous devons ouvrir grandement nos bras à la Divinité de Dieu…nous devons ouvrir nos Pensées à la Pensée Mère Céleste. Regardez quelques minutes un arbre, et vous comprendrez d'où vient sa Force et sa Nourriture; l'arbre est debout là-bas, ouvrant grandement ses branches, feuilles à la Providence Divine, Lui demandant ses Pensées, qui constituent ses Eléments Vitaux Energétiques, ses Puissantes Nourritures Spirituelles. Commencez par avoir des idées qui honorent Dieu, qui vous honorent, qui honorent toutes les créatures de Dieu ; commencer par respecter les autres, les enfants, vos dirigeants, vos parents, les veuves et orphelins, les personnes âgées ; commencer par vivre dans la satisfaction, dans l'abondance ; levez-vous à minuit dans votre chambre ou où que vous soyez, comme les Apôtres Paul et Silas, élevez vos membres supérieurs vers Dieu, ouvrez vos mains, purifiez-les et demandez à Dieu, ses Pensées, demandez-Lui de vous inonder de ses Pensées Honorables, de vous inonder de ses Pensées Eternelles, demandez-Lui, sa Sagesse. Répétez ceci plusieurs jours, semaines, mois, aves des Jeûnes, Supplications, Veilles, Aumônes et Actions de Grâces …et il vous répondra ! Considérez comment croissent les herbes, les arbres – et apprenez d'eux ; observez attentivement un arbre et vous comprendrez que toute sa vie, est tenue fermement sur l'*Etat de Présence Christique d'Intemporalité (EPCI)*, il vit comme Jésus-Christ l'avait bien dit « à chaque jour suffit sa peine », il ouvre grandement ses branches et feuilles au Père Céleste, lui demandant sa Nourriture dans la Douceur, la Patience, avec Humilité, Amour et Actions de Grâces.

§

LES PENSEES JUSTES ET LES PENSEES INJUSTES

Si des Pensées Justes existent, alors des Pensées Injustes existent également. Il s'agira pour l'Homme de connaître les effets des Pensées Justes sur sa Vie et les effets des Pensées Injustes sur sa Vie. Nos Pensées sont comme des Courants d'Energies Magnétiques qui vont se déverser tôt ou tard dans le Monde, au travers de nos Paroles ou de nos Actions en Bien ou en Mal. Elles sont des Eléments Vitaux Energétiques qui peuvent être Impures/Négatives appartenant à notre Nature Inférieure Corporelle ou Pures/Positives appartenant à Notre Nature Supérieure Spirituelle. Nos Pensées sont des Eléments Vitaux Energétiques dont se nourrissent notre Corps Physique (composé de biomolécules, cellules, tissus, organes, appareils, dont l'ensemble forme l'organisme) et notre Corps Spirituel (composé de l'Ame et de l'Esprit). D'où l'accumulation de Pensées Injustes peut créer des troubles de disfonctionnement à tout le Corps. La Parole de Dieu dit ***« que tout ce qui est juste, soit l'objet de vos pensées ».*** Pourquoi ? Parce que les Pensées Justes nous mettent en relation avec les Hiérarchies Supérieures du Royaume de Dieu, si elles appartiennent à l'Ordre de la Justice Divine, à l'Ordre du Roi de la Justice, qui est Dieu. Le Nom de Dieu, est la Justice. Si nos Pensées sont de l'Ordre de la Justice, alors, elles seront en Communion avec les Pensées des rois de la Justice qui sont Noé, Melchisédech, Abraham, Job, Moïse, Elié, Elisée, Ésaïe, Jérémie, Ézéchiel, Daniel, Evangéliste Jean Baptiste, Apôtre Pierre, Apôtre Paul…nous connaîtrons alors la Paix du Christ, une Vie Harmonieuse, de Joie et de Bonheur. Les Pensées Injustes nous mettent en relation avec les Hiérarchies Inférieures du Prince de ce Monde d'en Bas, Satan. Comment pouvons-nous adhérer nos Pensées à l'ère du roi de la Justice et de la Paix, Melchisédech ? Une Pensée Juste, est une Pensée conforme à la Justice, une Pensée qui suscite une action juste, une Pensée qui est exacte, qui cadre bien avec la Justice de Dieu. Une Pensée injuste, est une Pensée qui n'est point juste, une Pensée déraisonnable, mal fondée, animée de prétentions injustes et insupportables. *1° L'Homme doit d'abord comprendre qu'il est le seul acteur de ses propres Pensées. 2° Il est responsable de la production de ses propres Pensées, c'est lui-même qui les produise consciemment ou inconsciemment. 3° Comprendre qu'au sein de lui, se trouve une Pompe de Stockage des Pensées, qui peut produire des Pensées appartenant à sa Nature Inférieure Corporelle ou des Pensées appartenant à sa Nature Supérieure Spirituelle.* Ce qui va lui permettre de commencer par surveiller ses Pensées. Surveiller leur émission.

Surveiller les circonstances, faits et évènements qui déclenchent leur production et émission. Essayer de vivre pour quelques minutes en arrêtant de Penser…Dès que nous décidons de ne pas penser pour quelques minutes, nous comprenons qu'il existe réellement une Pompe à Pensées au sein de nous, que nous pouvons fermer ou ouvrir à Volonté. Ainsi, nous n'allons plus nous mettre à émettre des Pensées à chaque nanoseconde de nos Vies, mais nous pouvons décider durant un moment de ne pas penser ; tout simplement parce que nous n'avons pas besoin de les émettre. Quand nous sommes seuls, où nous voulons nous reposer seuls, nous pouvons fermer volontairement la Pompe à Pensées au sein de nous, et connaître une libération totale de notre Homme Intérieur. La vraie Paix, le vrai Bonheur, réside dans l'harmonisation de nos Pensées Charnelles avec les Pensées Spirituelles et Eternelles de Dieu. Essayez d'arrêter pendant une dizaine de minutes de penser et vous verrez la vie autrement. Les Pensées Injustes, sont de l'ordre de l'intellect raisonneur, des organes des sens ; elles appartiennent à notre Corps Corruptible et Mortel. Les Pensées Injustes se manifestent par des Paroles Fausses et Mensongères, de Tromperies, des Paroles de Malédiction…elles se manifestent également par la Corruption, la Désobéissance aux Lois, le non-respect des décisions prises, des détournements. D'où proviennent les Pensées Justes ? D'où proviennent les Pensées Fausses ? L'Homme a un Corps, un Esprit et une Ame. Quand l'Homme parle, le son de la voix qui sort de sa bouche, provient de son Ame et de son Esprit Intime. Tout ce que les yeux physiques voient constamment, sont enregistrés sur l'Homme Intérieur dans la Pompe à Pensées. Tout ce que l'Homme imagine ou sur quoi il concentre son attention, est enregistré sur son Esprit Intime, dans la Pompe à Pensées. Tôt ou tard ces Pensées emmagasinées dans la Pompe à Pensées, vont chercher à se manifester ; ce qui se fera à travers les Paroles et les Actions. *1°Un peuple, peut ainsi être condamné à ne vivre que les mêmes histoires selon les Pensées que ses habitants émettent le concernant. 2° Une famille peut ainsi être condamnée à ne vivre que les mêmes histoires selon les Pensées que ses membres émettent la concernant. 3° Une personne peut être condamnée à ne vivre que les mêmes histoires selon ses propres Pensées.* Les Pensées Injustes proviennent de nos Ardeurs Cupides (intérêts, envies, égoïsmes) ; qui sont du domaine de notre Nature Inférieure, des Affections de la Chair, de la Loi du Péché et de la Mort. Les Pensées Injustes amènent l'Homme en Perdition et en Condamnation alors que les Pensées Justes amènent l'Homme dans le Royaume de Dieu. L'Apôtre Paul nous commandait de n'avoir que des Pensées Justes, de n'émettre que des Pensées Justes. Ce verset de l'Epître de l'Apôtre Paul aux Philippiens 4 : 8, indique avec précision que l'Homme peut décider de ses Pensées. Du moment où l'Homme arrive à surveiller ses propres Pensées, il peut les contrôler. Il peut également décider volontairement de ne pas en émettre ou en émettre. Car, la Pompe de Stockage des Pensées, réside au sein de nous-mêmes. La clé ou l'interrupteur qui ordonne l'émission des Pensées provient de l'Esprit Humain. Si l'Homme arrive à être un vrai adorateur ; celui qui adore en Esprit et en Vérité, il pourra être responsable de l'émission de ses Pensées. ***Evangile selon Jean 4 : 23-24 « 23 Mais l'heure vient, et elle est déjà venue, où les vrais adorateurs***

adoreront le Père en esprit et en vérité ; car ce sont là les adorateurs que le Père demande. 24 Dieu est Esprit, et il faut que ceux qui l'adorent l'adorent en esprit et en vérité ». Si l'Homme arrive à vaincre toutes les actions de la Chair dans sa vie, il pourra connaître la vie de celui qui adore en Esprit et en Vérité. Si l'Homme arrive à engloutir sa Chair par l'Esprit de Dieu, il pourra prendre le contrôle de ses Pensées. Car, c'est la Chair qui nourrit nos Pensées, c'est la Chair qui fait des propositions à l'Esprit, à travers ses attractions…L'Esprit d'Eve avait succombé aux attractions de sa Chair, dans le Jardin d'Eden. Ce serpent qui avait trompé Eve, n'est rien d'autre que sa propre Chair, qui est le principe attracteur du Mal en lui, la pompe des Ardeurs Cupides (envies, intérêts, égoïsmes), convoitises charnelles, passions aveugles et chaotiques, désirs insupportables en lui. Aujourd'hui, si l'Homme veut adorer Dieu en Esprit et en Vérité, il doit premièrement sortir de la Loi du Péché et de la Mort, sortir de la domination de la Chair, en libérant ses propres Pensées de tous les Eléments Vitaux Energétiques Impures/Négatives quelles auraient emmagasinées depuis le Jardin d'Eden jusqu'aujourd'hui. Pour ce faire, l'Homme doit dépouiller ses Pensées des anciennes choses, voiles de ténèbres, vieux manteaux, cadenas, inquiétudes, qui constituent un filet dans lequel elles sont emprisonnées. Lorsque l'Homme arrive à libérer ses Pensées des Eléments Vitaux Energétiques Impurs, lorsque l'Homme arrive à libérer ses Pensées des Ardeurs Cupides (envies, intérêts, égoïsmes), corruptions, convoitises, colères terribles ; celles-ci vont quitter la Gravitation Terrestre et Mortelle, pour accéder à la Gravitation Céleste et Spirituelle. L'Homme peut alors adorer en Esprit et en Vérité, c'est-à-dire faire tout à partir de son Esprit Intime ; mettre son propre Esprit au-devant des faits, évènements gestes de sa vie ; laisser sa vie être conduite par l'Esprit de Dieu…Arriver à se libérer des Désirs de la Chair, et à demeurer en tout temps dans les Désirs de l'Esprit en conformité avec ses Pensées ; c'est ça l'Illumination ! Nous ne pouvons pas dire que nous sommes des Chrétiens adorateurs de Dieu en Esprit et en Vérité, alors que nos Pensées pataugent dans des Ardeurs Cupides (envies, intérêts, égoïsmes), des mensonges, des fraudes, des vols. Un adorateur de Dieu en Esprit et en vérité, est celui-là qui émet des Pensées Justes selon la Volonté de Dieu, qui s'est libéré des Désirs de la Chair, qui unit ses Pensées aux Désirs de l'Esprit de Dieu. En d'autre terme, les Pensées de l'Homme Spirituel sont conformes aux Désirs de l'Esprit de Dieu. Du moment où nos Pensées sont conformes aux Lois d'Harmonie de Dieu, notre Vie aura tout le soutien, tout le secours de Dieu, et l'assistance des Milices de Génies et d'Anges du Seigneur. Nous connaîtrons la Paix Véritable de l'Ame, la Santé et la Longévité.

§

LES PENSEES PURES ET LES PENSEES IMPURES

Si des Pensées Pures existent alors des Pensées Impures existent également. Il s'agira pour l'Homme de connaître les effets des Pensées Pures sur sa Vie et les effets des Pensées Impures sur sa Vie. Ce qui est pur, c'est ce qui est sans mélange, qui est exempt de souillures, de corruptions ! Voici l'indication de Dieu : ***« que tout ce qui est pur, soit l'objet de vos pensées ».*** Il faut que nos Pensées soient des Pensées Pures de Dieu, sans altération, sans mélange de nos considérations terrestres. L'Homme impur, émettra à coup sûr des Pensées Impures. L'Apôtre Paul voulait donc que nous soyons saints, c'est-à-dire, que nous ayons des Pensées Pures, que nos Pensées proviennent directement de la Véritable Lumière de Dieu, que nos Pensées soient des productions du Saint-Esprit et que nous nous détournions de la voie de l'impureté. L'Apôtre Paul voulait que nous ayons des Pensées Pures, c'est-à-dire que nous nous montrions empressés à accomplir toutes les Œuvres Pieuses, et que nous soyons étrangères au Péché impur. Dieu est Esprit, et en tant qu'il est un Esprit pur, saint, et resplendissant de Lumière, il a en horreur l'impureté, comme étant l'un des péchés qui lui soit le plus directement opposé. Les Pensées Impures nous poussent à l'adultère, à la masturbation, à la fornication, à l'idolâtrie, à la pornographie, à l'homosexualité, aux sectes. L'Homme qui émet des Pensées Impures doit savoir qu'il est sous la domination de l'Ardeur Cupide (Satan), l'Homme qui émet des Pensées Impures, doit savoir qu'il est sous la domination des Esprits Mauvais. Lorsque l'Homme est plongé totalement dans les Affections de la Chair, jusqu'à ce que la Chair prenne contrôle sur son Esprit, il émettra des Pensées riches en Eléments Vitaux Energétiques Impures, qui attireront dans sa vie, des situations d'impuretés. L'Homme qui est totalement plongé dans des Pensées Impures, émet des Vibrations Spirituelles Impures, qui peuvent contaminer ou corrompre ceux qui sont dans son habitation ou ceux qu'il côtoie, ou attirer ceux qui émettent les mêmes Vibrations que lui. C'est ainsi qu'une Femme qui commet l'adultère, pourra facilement tomber sur un Homme qui fait autant et vice versa ! C'est ainsi qu'un jeune Croyant qui commet la fornication, pourra tomber facilement sur des frères ou sœurs semblables à lui. ***Première Epître de l'Apôtre Paul aux Corinthiens 15 : 33 « Ne vous y trompez pas : les mauvaises compagnies corrompent les bonnes mœurs ».*** Les Pensées obéissent ainsi à la formule « le semblable attire le semblable ». Si nous voulons adhérer à la Communauté des Saints, à l'Ere de la Paix et de la Justice de Melchisédech, nous devons devenir des gardiens de nos Pensées, en adorant en Esprit et en Vérité. Nous devons comprendre que nos Pensées ont pris naissance depuis l'origine de la création, elles sont comme des Courants d'Energies Magnétiques, des Vibrations Puissantes qui nous accompagnent. Elles dictent nos paroles, elles dictent nos actions (gestes, mouvements, comportements sociaux, vies familiales, capacités de management, choix d'appartenance, croyance, vies de spiritualité, vies religieuse, cultes d'idoles…). Si nous choisissons de produire des Pensées les Plus Basses qui sont du domaine du Diable, de l'Ardeur Cupide, elles nous conduiront vers des situations où règne l'impureté… Nous serons ainsi plongé dans l'impureté avec ignorance, jusqu'à notre propre destruction ; tout comme l'histoire de Sodome et Gomorrhe. ***Epitre de Jude 1 : 7 « que Sodome et Gomorrhe et les villes voisines, qui se livrèrent comme eux l'impureté et à des vies contre nature, sont données en exemple, subissant la peine d'un feu éternel ».*** Voulons-nous subir la peine du feu éternel de Dieu, comme Sodome et Gomorrhe ? Si non, alors nous devons devenir de vrais adorateurs du Seigneur, en demeurant en tout temps dans les Huit Pensées de Sanctification de l'Apôtre Paul ; en quittant toutes les Pensées Basses qui font la guerre à notre Ame, et à faire adhérer à notre Esprit, des Pensées Justes de Dieu. Nous pouvons le faire, puisque nous sommes responsables de nos Pensées. Nous devons premièrement décider de commencer par surveiller nos Pensées, ce qui permettra à notre Corps, de se libérer totalement de nos anciennes Pensées Fausses, Non Honorables et Injustes. Deuxièmement, nous devons faire adhérer notre Esprit, à la famille des Vrais Adorateurs de Dieu ; en demeurant en tout temps dans la Parole de Dieu, en remplissant notre Esprit Intime des Pensées Vraies, Honorables et Pures du Christ.

§

LES PENSEES AIMABLES ET LES PENSEES NON AIMABLES

Si des Pensées Aimables existent alors des Pensées non Aimables existent également. Il s'agira pour l'Homme de connaître les effets des Pensées Aimables sur sa Vie et les effets des Pensées Non Aimables sur sa Vie. Voici la liste des Pensées Aimables : Pensées de Générosité, Pensées de Bienveillance, Pensées de Charité, Pensées Affectueuses, Pensées de Politesse… Voici la liste des Pensées Non Aimables : Pensées de Haines, Pensées de Jalousies, Pensées de Rivalités, Pensées de Rancunes, Pensées d'Hypocrisie, Pensées de Disputes, Pensées de Divisions…L'Apôtre Paul exposait à travers ce verset de son Epître aux Philippiens 4 : 8, l'opposition perpétuelle qui existe entre l'Evolution et l'Involution, entre la Nature Corporelle et Mortelle de l'Homme et sa Nature Spirituelle et Immortelle. Il avait cité Huit Choses que nous devons mettre en pratique en tout temps, afin de quitter l'Involution et adhérer une fois pour de bon à l'Evolution. Décider de n'avoir que des Pensées Aimables, est la chose formidable qui puisse existée ! Quiconque décide de n'avoir que des Pensées Aimables, s'aligne automatiquement sur la Divinité de Dieu ; il amorce ici-bas sa propre Rédemption Christique. La Loi, la plus grande de toutes les Lois de Dieu, est l'Amour. Aimer son Dieu de toute son Cœur, de toute son Ame et de toute sa Force ; tel est le plus grand des commandements de Dieu. Alors quiconque décide de mettre cette Loi en pratique dans sa vie, connaîtra la Paix, la Joie, le Bonheur des Elus, Saints et Bien-aimés de Dieu. ***« que tout ce qui est aimable, soit l'objet de vos pensées »,*** ce trope permet à l'Homme de prendre sa croix, d'un cœur sincère, avec un repenti sincère, de crucifier toutes ses iniquités et d'accéder à la Dimension de l'Amour Infini de Dieu. Les Pensées de l'Homme peuvent l'amener auprès de Dieu ; le retour définitif des Ames de Vie en totale perdition dans cette Sphère Mortelle, est possible, si nous reconquérons les Pensées de Dieu, en ne faisant que tout ce qui est aimable ; pas à l'à peu près ! Les gestes, faits, comportements, affections, actions, sentiments, passions, attirances, préoccupations de l'Homme, doivent tous être animés de Pensées Aimables. Ce qui nécessite une surveillance rigoureuse de nos Pensées, une décision ferme d'imiter le Christ, d'avoir ses sentiments ; ce qui nécessite un abandon de ses anciennes choses de ténèbres, et une nouvelle programmation de ses Pensées afin que chaque Pensée ait l'empreinte de la Vertu Emblématique qu'est l'Amour. Je définis la pensée, comme étant une image, un symbole, une représentation visible ou invisible, sur laquelle l'on concentre ses sens physiques et spirituels, ou que l'on contemple régulièrement. Et selon le Commandement que nous indiquait l'Apôtre Paul dans ce trope, il faut que l'image que nous créons dans notre Ame, soit aimable, c'est-à-dire soit habitée par l'Esprit de Dieu, qu'est l'Amour. Sinon, elle serait contraire à la Pensée de Dieu, elle nous amènera dans une Voie contraire à la Voie de Dieu, en Perdition ! Il est donc clair que le Salut de l'Homme passe par la reconquête de ses Pensées. Et c'est justement la raison pour laquelle l'Apôtre Paul, nous donnait ce Commandement. Dieu disait dans Ésaïe 55 : 8-9, que ses Pensées sont contraires aux Pensées des Hommes et que ses Voies sont contraires aux Voies des Hommes, l'Apôtre Paul nous indiquait dans ce trope, ce qui permettra aux Hommes d'avoir les Pensées de Dieu, de retrouver les Voies de Dieu. Il faut que l'Homme abandonne premièrement ses Mauvaises Pensées ; ses Pensées Fausses, Non Honorables, Injustes, Non Aimables ; qu'il comprenne deuxièmement que la commande de sa Vie, ce sont ses propres Pensées ; troisièmement, il faut qu'il décide de les surveiller ; et enfin qu'il ait la Bonne Foi et la Bonne Volonté, de faire de ses Pensées rien que « tout ce qui est vrai », « tout ce qui est honorable », « tout ce qui est juste », « tout ce qui est pur », « tout ce qui est aimable », « tout ce qui mérite l'approbation », « tout ce qui est vertueux », « tout ce qui est digne de louange ». En suivant ceci, il procède à la reconquête de ses Pensées, qui étaient à l'origine des Pensées de Dieu. C'est le chemin retour menant à la libération des Pensées Charnelles et Mortelles ; le processus d'Evolution et d'Illumination Christique, menant à la Jérusalem Céleste ; il passe par Cinq étapes qui sont ***(cf. Conclusion):*** *1° Identification des Pensées Mortelles des Hommes et des Pensées Immortelles de Dieu ; 2° Domination des Pensées Mortelles des Hommes; 3° Pratique des Vertus Spirituelles ; 4° Accession à la Perfection des Saints ; 5° Reconquête des Pensées Immortelles de Dieu.* Une pratique quotidienne, une préoccupation de tous les instants ; dans l'Amour avec une entière Persévérance, amène à l'Accomplissement Divin, à la Plénitude de la Vie, au retour des Ames de Vie errantes vers le Pasteur et le Gardien des Ames. Aujourd'hui la vie de Chrétien ne se limite plus à celui qui adore dans une Assemblée Chrétienne. Elle se définit par celui qui a une Relation Personnelle de Communion avec Dieu et avec son Fils Jésus-Christ. Dire que quelqu'un va à l'Eglise, c'est le début d'un long processus de Rédemption Spirituelle et dont la finalité, consiste à entrer en Relation Personnelle avec son Créateur, c'est-à-dire, reconquérir l'Adam Original qui se trouve en chaque Homme.

§

LES PENSEES QUI MERITENT L'APPROBATION ET LES PENSEES QUI NE MERITENT PAS L'APPROBATION

L'Apôtre Paul disait ***« que tout ce qui mérité l'approbation, soit l'objet de vos pensées ».*** Qu'est-ce qu'une Pensée qui mérité l'approbation ? C'est une Pensée qui fait partie des Pensées Eternelles de Dieu. Une Pensée à laquelle Dieu prend plaisir ! Tout comme l'on peut être là assis quelque part ou en déplacement, et se mettre à faire des Pensées imaginaires, parce qu'on avait un problème avec telle ou telle personne, on projette des choses dans son mental ; le plus souvent mauvaises les concernant. Telles sont les Pensées qui ne méritent pas l'approbation. Nos Pensées doivent porter les empreintes de Dieu. On doit identifier nos Pensées aux Bonnes Œuvres de Dieu. Celui qui pense mal des autres, qui forme de mauvais desseins sur les autres, qui souhaite le mal des autres dans ses Pensées, se tue lui-même. C'est ce que l'Apôtre Paul voulait nous dire à travers ce trope. Pour ne pas avoir des malheurs, nous devons faire de nos vies, des vies qui méritent l'approbation ; nous devons faire de nos sentiments, des sentiments qui méritent l'approbation ; nous devons faire de nos gestes, des gestes qui méritent l'approbation. Sommes-nous ménagères, sommes-nous employés dans une entreprise, sommes-nous travailleurs indépendants, sommes-nous directeurs de sociétés ? Tout ce que nous faisons, doivent mériter l'approbation. Telle sera la marque d'une Pensée de Dieu. Lorsque nos Pensées méritent l'approbation, ceci se verra dans nos comportements, dans nos réalisations. On connait l'artiste par son œuvre. Nous pouvons bien vouloir que les autres prennent plaisir de nous, de notre vie, de nos prestations, mais si nous ne donnons pas à eux ce qui est respectueux, qui mérite l'approbation ; ils vont nous manquer de respect et de considération. Et pour que nos œuvres méritent l'approbation, il faut que nous ayons des Pensées qui méritent l'approbation. Lorsqu'on regarde les tableaux de certains artistes, on est surpris de certains dessins qui ressemblent à des monstruosités. L'image qui est l'œuvre de l'artiste, reflète sa Pensée. L'artiste n'a fait sortir que, le contenu de son Ame, sous forme de dessin. Si ce dessin peut nous parler, il nous dira exactement l'état de l'Ame de l'artiste. Il y a certains tableaux qui sont très vilains voir horribles, mais pour l'artiste, ce sont de jolis tableaux…parce que ce sont ses productions. Vous pouvez constater certains artistes dessinateurs qui aiment les tableaux exposant les parties intimes du Corps Humain ; tout ceci n'est que les reflets de leurs Pensées. Certains artistes dessinateurs, sont malades et ils exposent leurs maladies sur des tableaux ! Mais lorsque les Pensées de l'artiste sont conformes aux Pensées de Dieu, l'artiste sort une œuvre extraordinaire, qui a du génie. Ceci est vrai aussi pour les artistes de la musique : un morceau de musique, lorsqu'on l'écoute, renvoie à l'artiste, à son génie, donc à sa Pensée. Il y a des morceaux de musique qui font toujours bon à écouter, qui édifient toujours l'Homme, malgré l'ancienneté de la publication ; tout simplement parce que l'artiste avait exprimé des Pensées Eternelles de Dieu. Par contre, pour certaines chansons, après quelques mois, on a plus envie de les écouter, ça sonne mal à l'oreille. Et les artistes écrivains ? L'exemple des écrivains auteurs de la Bible, mérite une grande considération. Rien ne contexte le Grade Spirituel de Noé, Abraham, Jacob, Moïse, Josué, Elie, Elisée, Samuel, David, Salomon, Ésaïe, Jérémie,

Ézéchiel, Daniel, Jonas, Malachie, Zacharie,… l'Apôtre Pierre et ses compagnons…leurs écrits sont des Œuvres du Saint-Esprit, ils sont vrais aux siècles des siècles. En lisant la Bible, on retrouve la marque de Dieu, on retrouve Dieu. En lisant la Bible, on arrive à parler avec Dieu et avec son Fils Jésus-Christ ; on arrive à communier avec les Saints. Voyez les inventions technologiques dans le Monde, voyez les découvertes scientifiques. L'Homme n'est jamais sûr d'une découverte. Aussitôt qu'on invente quelque chose, elle vieillit. Ceci voudrait dire, que la Pensée qui a inventé la chose, n'est pas totalement unifiée à la Pensée Mère du Monde. Ceci nous montre que la vraie Connaissance, la Vraie Vérité, la vraie Vie, c'est Dieu. Les attractions de nos Pensées sont également visibles dans nos chambres. Souvent, les tableaux que les gens aiment acheter, reflètent leurs Pensées et donc l'attraction de leur Ame. Un simple regard sur les tableaux que certains utilisent pour orner leur chambre, permet de les connaître ! Avons-nous des Pensées qui méritent l'approbation ? Vivons-nous conformément à ce Commandement de l'Apôtre Paul ? Avons-nous des Pensées de Rancune, de Haine, de Suicide ? Avons-nous des cœurs qui forment des mauvais desseins sur les autres ? Dans nos imaginations, avons-nous des idées de Gloire, d'Honneur, de Progrès Spirituel et Social, de Réussite, d'Avancement, de Bénédiction ? Ou nous pensons à la Médiocrité, à l'Echec, au Manque ? Que devons-nous faire pour que tout ce qui mérite l'approbation soit l'objet de nos Pensées ? Il faut recevoir le baptême du Saint-Esprit, car le Saint-Esprit est le don d'Omniscience même du Véritable. Quand le Saint-Esprit prend possession de notre Pensée, alors notre Ame est unie à l'Ame du Père. Tout ce que nous touchons sera inondé de Bénédictions, tous les lieux où nous foulons la plante de nos pieds, seront inondés de Bénédictions ; nous serons des sources de Joie, de Paix, de Félicité, de Gratitude, de Bienveillance, de Succès, de Réussite, du Salut pour les autres. N'ignorons pas les Pouvoirs des Pensées ! Les Pensées de l'Homme sont dotées de Puissants Pouvoirs ! Commencez par imiter Notre Seigneur Jésus-Christ, commencez par pratiquer ses sentiments, commencez par demeurer dans ses Paroles, dans ses Préceptes. Inondez votre vie du Nom de Christ, vos faits et gestes, des choses qui méritent l'approbation. Prenez le Christ, pour modèle, vivez la vie de Gloire en Gloire, des Enfants de Lumière ; pas uniquement dans votre Corps Physique composé de biomolécules, de cellules, de tissus, d'organes, d'appareils, mais également dans votre Corps Spirituel, dans votre Esprit Intime, dans votre Homme Intérieur. Ouvrez votre Homme Intérieur à Dieu, comme un arbre ouvre ses branches au Père Céleste de le nourrir. Eliminez les inquiétudes, de votre vie et vivez ! Ecartez de votre vie, l'ombre du Passé, le trou noir du Futur, et vivez dans l'*Etat de Présence Christique d'Intemporalité (EPCI)*, comme un arbre, qui est toujours debout là, vivant comme « à chaque jour, suffit sa peine » ! N'ignorons pas le Pouvoir des Pensées sur le devenir des Ames de Vie. Telles Pensées, telle Ame ; la libération de l'Ame des péchés, passe par la libération des Pensées des ardeurs cupides, convoitises charnelles et passions. Que devons-nous faire pour prendre le contrôle de nos Pensées ? ***Deuxième Epitre aux Corinthiens 5 : 17 « si quelqu'un est en Christ, il est une nouvelle créature. Les***

choses anciennes sont passées ; voici, toutes choses sont devenues nouvelles ». Lorsque quelqu'un accède à la Nouvelle Naissance, il subit un Changement Spirituel, une Crucifixion, une Métamorphose, qui agit dans son Corps, dans son Ame et dans son Esprit. Cette Métamorphose Spirituelle, cette Régénérescence Spirituelle, agit sur sa Pompe Personnelle de Stockage de Pensées ; elle touche les anciennes choses (les images de monstruosités d'inquiétudes qu'il avait formé, les péchés qu'il avait commis, les mauvaises vies qu'il avait vécu, les opprobres qu'il avait, les chaînes dans lesquels il était attaché, les filets dans lesquels il était enfermé, les clous qui l'avaient enfoncé dans les mains des Mauvais Esprits, les abominations qu'il avait commis…), qui dominent sur sa vie, sont devenues nouvelles, conformes au modèle du Christ ; lui donnant la liberté de prendre le contrôle de ses Pensées. La Nouvelle Naissance possède un Pouvoir Purificateur, le Nom de Christ lève les anathèmes, les malédictions et les Mémoires Négatives profondes imprimées sur l'Ame, d'ordre familial ou collectif, nos vies antérieures. Devenir une Nouvelle Créature en Christ, consiste pour les descendants d'Adam, à prendre le contrôle de leurs Pensées ; car les Pensées définissent l'Ame. Nos Pensées, pour nous apporter des Bénédictions, doivent Mériter l'Approbation, c'est-à-dire des Pensées qui suscitent la satisfaction, l'estime d'un bon témoignage, qui ne s'oppose pas aux Statuts, Commandements, Ordonnances et Préceptes de Dieu, qui respectent les Lois d'Harmonie de la Divine Providence. Pour émettre des Pensées Qui Méritent l'Approbation, nous devons acquérir la Vraie Connaissance de Dieu, à travers une Bonne Foi et la pratique de l'Intégrité. La Bonne Foi nous permettra de croire à l'Evangile de Christ, de chercher à connaître qui est Dieu et qui est son Fils Jésus-Christ. Demeurer dans la Parole de Dieu, avec une Bonne Foi dans la pratique de l'Intégrité, nous permette d'accéder à la Vraie Connaissance de Dieu ; ce qui nous permettra d'émettre des Pensées Qui Méritent l'Approbation conformes aux Pensées du Christ.

§

LES PENSEES VERTUEUSES ET LES PENSEES NON VERTUEUSES

Qu'est-ce qu'une Pensée Vertueuse ? Qu'est-ce qu'une Pensée Non Vertueuse ? Ce qui est vertueux, c'est ce qui n'est pas exagéré, ce qui est conforme aux Vertus Spirituelles de Notre Seigneur Jésus-Christ, ce qui imite les sentiments de Christ. Des Pensées douces, animées d'Esprit d'Humilité, de caractère pacifique, animées de prétentions insupportables. Des Pensées qui nous élèvent vers les Vertus Spirituelles de Dieu, vers les Hiérarchies Supérieures, des Pensées qui obéissent aux Préceptes du Christ, aux Lois, Commandements, Ordonnances et Statuts de Dieu. Des Pensées qui ne sont pas en hors sujet, en parlant des Voies de Dieu. Puisque les Pensées de l'Homme, l'amène sur des Voies, le conseil serait que nos Pensées suivent les traces de Dieu, pour ne pas aller en Perdition ! On comprendra pourquoi dans certains pays, certains Prêtres Religieux, ou Chefs de Village, interpellent souvent les gouvernants, lorsque ceux-ci imposent des lois sociales par force aux habitants. Tout simplement parce que, lorsqu'une loi est imposée à un peuple, le Sage peut savoir l'issue finale de celle-ci. C'est ce qui arrive aussi lorsqu'une personne âgée interpelle un jeune de renoncer à certains projets de la vie; tout simplement parce qu'elle sait qu'il est sur des Voies opposées aux Voies de Dieu, qu'il finira tôt ou tard par succomber, aller en totale destruction ! ***« que tout ce qui est vertueux, soit l'objet de vos pensées »,*** nos Pensées sont-elles vertueuses ? Autrement dit, marchons-nous sur les Voies de Dieu ? Emettons-nous des Pensées qui ressemblent à des Enfants de Dieu ? Les images de scènes, de faits, d'évènements que nous formons à longueur de journée dans nos Mémoires, sont-elles Vraies, Honorables, Justes, Pures, Aimables ? Est-ce qu'elles méritent l'Approbation ? Est-ce qu'elles sont Dignes de Louange ? Sommes-nous doux et humbles dans nos Pensées ? Ou bien avons-nous des Pensées de dictature, d'égocentrisme, d'avarice,... ? Avons-nous laissez le Saint-Esprit prendre la conduite de nos vies ou nous suivons les Voies de ce trou ténébreux noir qui est l'élément destructeur de l'Homme, que constitue l'ego ? L'Apôtre Paul, nous donnait un Commandement, il faut que nos Pensées soient en tout temps Vertueuses ; autrement dit que nos Pensées soient des Pensées des Saints – il nous appelait donc par ce trope à la Consécration et la Sanctification. Si nous achevons notre Sanctification dans la Douceur, l'Humilité et la Crainte de Dieu, le Saint-Esprit prendra possession de toutes nos Pensées ; il deviendra l'émetteur principal de toutes nos Pensées, elles seront donc des Pensées Vertueuses. J'aimerais que nous fassions ce petit exercice pendant quelques minutes. Arrêtez de lire ce petit livre pendant environ une à cinq minutes. Arrêtez de penser, concentrez toute votre attention sur le Moment Présent, arrêtez de considérer tout ce qui est autour de vous, les bruits, les gens, les objets, les biens... ; vous vous sentirez dans votre vrai-vous, dans votre Moi-véritable, dans votre Homme Intérieur, dans votre Ame et Esprit, dans votre Corps Spirituel...Maintenant revenez. Vous comprendrez que ce sont les Choses Terrestres du Monde, les Choses que nos Pensées Mortelles ont toujours en elles, les Choses qui font parties de nos Vies Courantes, qui s'attachent à nos Sens Physiques (les frères, les amis, les parents, les collèges de travail, les biens matériels, les richesses du Monde ; les maisons, les voitures, les équipements de maisons, les inquiétudes, les médias, les réseaux sociaux, le sport, le cinéma, les sorties, les études, ...) qui ont envahies nos Pensées – alors qu'elles ne nous accompagneront pas dans la Nouvelle Jérusalem Céleste qui nous appelle. Que devenons-faire alors ? Nous devons les quitter. ***Evangile selon Mathieu 19 : 29 « Et quiconque aura quitté, à cause de mon nom, ses frères, ou ses sœurs, ou son père, ou sa mère, ou sa femme, ou ses enfants, ou ses terres, ou ses maisons, recevra le centuple, et héritera la vie éternelle ».*** L'Homme né dans cette Sphère Temporelle et Mortelle, la considère aussitôt comme sa Terre Promise ; et il va commencer par emmagasiner les Choses Terrestres dans son Ame, ce qui va encore l'attacher au Monde d'en Bas. Le Chemin de la Rédemption comme le Seigneur Jésus-Christ l'indiquait dans ce verset de l'Evangile selon Matthieu, consiste à abandonner ou à quitter ses anciennes choses ; en commençant par l'abandon physique des choses et l'abandon spirituel dans nos Pensées. Il faut quitter tous les déchets toxiques et nuisibles, qui font la guerre à l'Ame et qui vont l'amener en Condamnation qui sont « ses frères, ou ses sœurs, ou son père, ou sa mère, ou sa femme, ou ses enfants, ou ses terres, ou ses maisons » – qui sont les symboles de tout ce qui est terrestre, de possession terrestre et qui sont contraires aux Voies de Dieu. Le Génie qui est la Mère de Toutes les Vertus Spirituelles Vertueuses du Père, est le Saint-Esprit, le posséder, fera de nous des gens n'ayant que des Pensées Vertueuses. Le Saint-Esprit domine sur la Communication, le Jugement, la Mémoire, l'Intelligence, l'Amour, les Sciences, la Chasteté, la Piété, la Fortune, le Succès, la Protection, la Vison Divine, la Justice, la Richesse, la Connaissance, la Santé, la Longévité, la Paix, la Vérité, l'Amitié, la Réconciliation, la Fidélité, la Miséricorde, la Véritable Lumière du Père, la Fortune, les Découvertes utiles, la Sympathie, la Pureté, la Sainteté…Si nous sommes conduit par l'Esprit de Dieu, le Saint-Esprit, nos Pensées seront Vertueuses. On peut se demander pourquoi les Premiers Apôtres de Jésus-Christ, avaient vendus tous leurs biens terrestres, les avaient aussitôt partagé aux pauvres, aux veuves, et s'étaient tous lancés dans l'Evangélisation ? Qu'est-ce que l'Apôtre Pierre et ses compagnons avaient compris de l'Evangile de Christ ? Mathieu, riche financier, avait aussitôt quitté son travail pour l'Evangile de Christ ; Luc, jeune Médecin, conférencier, orateur, avait quitté son travail pour l'Evangile de Christ ; Pierre, entrepreneur de la pêche, avait abandonné son métier de pécheur, pour devenir pécheur d'hommes ; Philippe, Jean, Barnabé, Silas, Paul, Barthélemy, Thomas, Marc, Thaddée,… Tous avaient quitté « ses frères, ou ses sœurs, ou son père, ou sa mère, ou sa femme, ou ses enfants, ou ses terres, ou ses maisons ». Pas dans la Parole seulement, mais ils avaient réellement tous vendus leurs biens terrestres pour des biens célestes. Le Règne de Dieu est proche ! Le Royaume de Dieu est proche ! Il est temps pour l'Homme de se repentir, comme les Premiers Apôtres ; et cela commence premièrement par nos cœurs que nous devons tournés vers Dieu avec un Amour Infini, et nos Pensées Charnelles que nous devons quitter…

§

LES PENSEES DIGNES DE LOUANGE ET LES PENSEES NON DIGNES DE LOUANGE

Comment avoir des Pensées Dignes de Louange ? Comment faire, à ce que, tout ce que nous pensons, soit digne de louange ? Il faut que nos Pensées permettent l'élévation ; elles doivent louer, dire du bien. ***« que tout ce qui est digne de louange, soit l'objet de vos pensées »,*** si nous devons penser, celles-ci doivent louer, dire du bien. Si nos pensées portent sur un frère, une sœur, une connaissance quelconque, la Parole de Dieu, dit qu'elle doit louer la personne, elles doivent dire du bien de la personne. Puisque nos pensées sont des Puissantes Vibrations

Magnétiques, Puissantes Energies Vitales pour notre Ame, elles ne doivent pas faire la guerre à l'Ame ; elles doivent louer tout dans nos vies, dire du bien à propos de tout dans nos vies. Si penser fait partie de la vie de l'Homme, elle doit obéir à des règles. Penser sans savoir les raisons, penser sans savoir le pourquoi, amène à en subir les effets. ***Règle d'or numéro 1 : Mes Pensées sont de Puissantes Nourritures Spirituelles pour mon Ame, tout comme les Aliments le sont pour mon Organisme.*** Les Pensées sont des Nourritures. Mais il s'agit de quel genre de nourriture ? Si le Corps Physique de l'Homme a besoin de nourriture, de quelle nourriture devons-nous lui donner ? Il est bien démontrer aujourd'hui, que la mauvaise alimentation, créer des maladies métaboliques tels que l'obésité, le diabète, l'hypertension artérielle et autres. Du coup, allons-nous nous mettre à penser à longueur de journée parce que nous sommes dotés de la capacité de penser ? La question est tellement importante, qu'il faut prendre du temps pour bien la comprendre ; car beaucoup sont aujourd'hui malades parce qu'ils vivent sous l'emprise de leurs propres Pensées. Les Mauvaises Pensées amènent sur de Mauvaises Voies et les Bonnes Pensées amènent sur de Bonnes Voies. C'est quoi la Pensée ? Je définis la pensée, comme étant une image, un symbole, une représentation visible ou invisible, sur laquelle l'on concentre ses sens physiques et spirituels, ou que l'on contemple régulièrement. S'il y a quelque chose que l'Ame de quelqu'un garde le plus, se sont ces Pensées ; c'est-à-dire les choses sur lesquelles elle concentre ses sens physiques et spirituels, les choses quelle contemple régulièrement. En d'autres termes, nos Pensées, nous définissent. Le niveau de Pensées Spirituels qu'une Ame de vie aurait accumulé avant de mourir, constitue son bagage spirituel. Le Jugement Dernier, se résume ainsi au Jugement de toutes les Pensées qui sont dans l'Ame. Il y a Justice et Homogénéité, si les Pensées de Dieu et les Pensées contenues dans l'Ame du défunt sont égales, alors l'Ame est sauvée pour la Vie Eternelle. Dans le cas où l'Ame du défunt contient trop de Pensées Charnelles et Vaines, elle ira en Condamnation, en Enfer. Je demande au lecteur de faire une petite pause, et de réfléchir quelques minutes sur ce trope de l'Apôtre Paul : *« que tout ce qui est digne de louange, soit l'objet de vos pensées »*. Il y a un Commandement, une Obligation, une Nécessité ; nos Pensées doivent louer, elles doivent dire du bien. Pourquoi ? Parce que Dieu connaît nos Pensées et nos Voies, et sa Volonté, c'est que nous quittons nos Pensées Charnelles qui sont Vaines et Mortelles, pour demeurer dans ses Pensées Eternelles. Prenons l'exemple d'un jeune homme, qui voit que les films pornographiques. Toutes ses Pensées seront constituées d'images, symboles et représentations invisibles de ces films…et ce sont ces films qui constituent les nourritures qu'il donne à son Ame. Il se nourrit de ces choses, dans la mesure où, même s'il n'est pas devant une télévision, ou un portable, ou un ordinateur pour jouer ses films et les voir directement, il peut les revivre dans son Imagination, les redonner vie, les regarder, et y concentrer tous ces sens : c'est ça la Pensée. S'il est un adultère, idolâtre, toutes ses actions du Corps vont également s'ajouter à ses films pornographiques constituant ainsi ses Puissantes Nourritures, ses Puissants Eléments Vitaux Energétiques. Où est le mal ? Le Mal, est que les Pensées Mauvaises, Charnelles sont Mortelles ; elles nous condamnent à subir la Loi du Péché et de la Mort ; elles nous condamnent à demeurer dans le Monde d'en Bas perpétuellement ; alors que la Volonté de Dieu, c'est que nous retournions chez lui dans son Royaume où il y a la Paix, la Joie, l'Allégresse et la Communion avec ses Milices d'Anges. Les Pensées de l'Homme Charnel, l'attachent à la Terre, le condamnent, alors que les Pensées de Dieu, nous retirent dans le Monde de l'Inconscient Collectif et nous délivrent de la puissance des ténèbres (idolâtries, adultères, fornications, pornographies, mensonges, vols, sectes, esprits mauvais et démoniaques…), et nous faites passer dans son Royaume. Comprendre que nos Pensées sont des Puissantes Nourritures Vivantes pour notre Ame et notre Esprit, tout comme le sont les Aliments pour notre Corps Physique, nous permettra de les surveiller, et surtout arriver à n'émettre que celles qui sont Vraies, Honorables, Justes, Pures, Aimables, qui méritent l'Approbation, vertueuses et Dignes de Louange. ***Règle d'or numéro 2 : Mes Pensées sont de Puissants Eléments Vitaux Energétiques pour mon bien-être.*** Nous sommes des étrangers et des voyageurs sur la Terre. Le voyage continue, il est comme la Roue du Prophète Ezéchiel, elle n'a pas de début ni de fin. Tout comme on charge une bactérie jusqu'à ce qu'elle devienne pleine, telle est le But Ultime de notre Passage ici-bas…Nous sommes ici justement pour charger nos bactéries, les bactéries de notre Homme Intérieur, du Corps Spirituel. Tout comme le Soleil est persévérant dans sa marche malgré tout ce qu'il pouvait rencontrer comme difficulté ; il se lève tôt le matin, on le voit passer au-dessus de nos têtes, et le soir, il se couche ; mais déjà le matin et il se lève aussitôt. Pour lui, il n'est pas question d'abandonner la course, le voyage…il ne faut pas diminuer d'intensité, mais il faut se charger en tout temps afin de mieux briller, de mieux éclairer…si nous voulons bien imiter les premiers Apôtres de Jésus-Christ, cela ne doit pas être uniquement dans le parler, dans la Mauvaise Foi, dans la Tradition Religieuse ; mais il faut une Bonne Foi, mise à l'épreuve. Voici le Commandement de Notre Seigneur et Sauveur Jésus-Christ : ***Evangile selon Luc 11 : 33-36*** ***« 33 Personne n'allume une lampe pour la mettre dans un lieu caché ou sous le boisseau, mais on la met sur le chandelier, afin que ceux qui entrent voient la lumière. 34 Ton œil est la lampe de ton corps. Lorsque ton œil est en bon état, tout ton corps est éclairé ; mais lorsque ton œil est en mauvais état, ton corps est dans les ténèbres. 35 Prends donc garde que la lumière qui est en toi ne soit ténèbres. 36 Si donc tout ton corps est éclairé, n'ayant aucune partie dans les ténèbres, il sera entièrement éclairé, comme lorsque la lampe t'éclaire de sa lumière ! ».*** Que chacun décide de faire disparaitre les ténèbres en lui, et de faire éclairer son Corps comme lorsque la lampe-nous éclaire de sa lumière. C'est un appel pressant ! Ce n'est plus le temps de luxure, des discussions vaines, des discours philosophiques, des commérages, de la course pour les biens matériels…nous sommes dans le temps de l'Eveil Spirituel, de la quête des Vraies Nourritures de l'Ame, de la quête du Saint-Esprit ; afin que nous aussi, notre ombre puisse guérir des malades, délivrer des personnes possédées de démons impurs comme les Apôtres Pierre et Paul. ***Actes 5 : 12-16** « 12 Beaucoup de miracles et de prodiges se faisaient au milieu du peuple par les mains des apôtres. Ils se tenaient tous ensemble au portique de Salomon, 13 et aucun des autres n'osait se joindre à eux ; mais le peuple les louait hautement, 14 Le nombre de ceux qui croyaient au Seigneur, homme et femmes, s'augmentaient de plus en plus ; 15 en sorte qu'on apportait les malades dans les rues et qu'on les plaçait sur des lits et des couchettes, afin que, lorsque Pierre passerait, son ombre au moins couvrît quelqu'un d'eux. 16 La multitude accourait aussi des villes voisines à Jérusalem, amenant des malades et des gens tourmentés par des esprits impurs ; et tous étaient guéris » ; **Actes 5 : 11-12** « 11 Et Dieu faisait des miracles extraordinaires par les mains de Paul, 12 au point qu'on appliquait sur les malades des linges ou des mouchoirs qui avaient touché son corps, et les maladies les quittaient, et les esprits malins sortaient ».* Tout dépend de ce que nous semons dans nos Pensées, sur quoi portent nos Pensées, de notre relation avec la Parole de Dieu et avec son Saint-Esprit. Si nous sommes suffisamment disposés à devenir des Enfants de Lumière, la Providence Divine nous accompagnera, le Saint-Esprit nous conduira dans toute la Vérité. Et notre vie sera une Source de Bénédiction pour nous-même, pour notre entourage et notre pays. ***Règle d'or numéro 3 : Mes Pensées, pour me faire du bien, doivent être Vraies, Honorables, Justes, Pures, Aimables, qui méritent l'Approbation, Vertueuses, dignes de Louange.*** Nous sommes désormais informer de la Puissance dont dispose nos Pensées ; par elles nous pouvons aller en Enfer, par elles nous pouvons voir le Royaume de Dieu. Tout dépend de nous, nous sommes responsables de nos Pensées. Nous sommes responsables de notre vie, nous sommes responsables de la situation dans laquelle nous nous trouvons actuellement. Car toute notre vie, a été tracé, dictée, façonnée par nous-mêmes dans notre Pompe de Stockage des Pensées, arriver ici-bas, elle a juste commencé par se dérouler dans cette Sphère Mortelle, comme un rouleau…Si nous voyons que nous sommes sur la Bonne Voie du Christ, que nos Pensées suivent bien les traces du Christ, Grâce soit rendu à Dieu le Père pour nos vies ! Mais si nous voyons que nous sommes perdus, coupés de la voie de Dieu, loin des Pensées de Dieu, que notre vie est plongée dans les Désirs de la Chair : idolâtrie, adultère, fornication, dissolution, mensonge, vol, fraude, témérité, magie, jalousie, querelle, division, dispute, envie, avortement, pornographie, masturbation, ivrognerie, excès de table, débauche, sectes,… ; c'est le moment opportun pour nous de nous ressaisir, de faire le bon choix, de prendre notre croix, et de suivre Notre Seigneur Jésus-Christ avec un repenti sincère sans regarder en arrière, mais aller de l'avant, afin de remplir notre Ame des Pensées de Dieu, afin d'achever notre Sanctification et d'avoir la Vie Eternelle. ***Règle d'or numéro 4 : Mes Pensées définissent mon niveau de Développement Spirituel et de Management, plus je possède les Pensées de Dieu, plus mon niveau de Leadership Chrétien sera élevé.*** Décider à quitter ses Pensées Charnelles Corporelles et Mortelles, et à acquérir toutes les Pensées les Plus Élevées, Spirituelles, et Immortelles de Dieu (qui sont ses Lois, Commandements, statuts, Ordonnances, Préceptes), doit être ce qui occupe le plus l'Homme né dans ce Monde Temporel. Car, nos Pensées sont ce qui nous sommes ; elles sont semblables à des édifices, des tours, des maisons, que nous sommes en train de construire. La maquette originelle de référence, ce sont les Pensées et les Voies de Dieu. Durant la construction de nos édifices, tours, maisons, que nous sommes en train de faire avec nos Pensées, nous devons les construire pour qu'elles soient identiques aux Pensées de la maquette originelle. Sinon, nos propres Pensées Basses, composées de Nourritures Spirituelles appauvries, vont nous détruire. *1° Elles vont nous engloutir comme les Eaux du Déluge de Noé ; 2° Elles vont s'écrouler sur nos têtes, comme la Tour de Babel, et créer de la confusion dans nos vies et nous amener en Perdition et en Condamnation ; 3° Elles vont nous poursuive, nous chasser, nous attraper et nous condamner comme le Seigneur Jésus-Christ avait chassé les vendeurs de bœufs, de brebis, de pigeons, les changeurs et les trafiquants de la Maison de Dieu.* Nos Pensées, constituent l'ensemble de notre Bagage Spirituel (expériences multiples, connaissances accumulées) de notre Conscience. Elles définissent le niveau de Développement Spirituel et de Management de chaque Homme. Si elles sont du domaine de l'Inconscient Collectif et ses Lois de Causes à Effets, appartenant au Corps Physique ; elles nous limiteront dans la Dimension Corporelle, Terrestre, Charnelle, et Horizontale de la Loi du Péché et de la Mort, elles nous condamneront ! Si elles sont du domaine de notre Conscience Différenciée de l'Universel, que nous élargissons sans cesse à travers nos multiples expériences et connaissances éprouvées dans la Bonne Foi et la Bonne Volonté, en suivant les traces de Dieu ; elles nous permettront, après Effort, Abnégation, Persévérance, Constance, d'achever notre Sanctification, d'accéder à la Perfection des Saints, d'accéder à la Conscience Universelle de Dieu, à la Nature Divine, et de vivre la Vie de Communion avec Dieu et avec son Fils Jésus-Christ. Grâce à nos propres Pensées, nous pouvons être un Bon Leader ou un Mauvais Leader selon le libre arbitre de notre Volonté, d'abandonner nos Pensées et nos Voies qui sont caduques et périssables et chercher les Pensées et les Voies de Dieu, et de demeurer dans celles-ci, qui sont Célestes et Eternelles. On comprendra pourquoi dans une classe, tous les élèves n'ont pas le même niveau d'intelligence ; certains élèves sont très intelligents, comprenant très vites les leçons ; ont un niveau de réflexion clair ; alors que d'autres ont des difficultés à comprendre, à retenir les enseignements. Certains ont une bonne allocution, un bon niveau de communication et de parler en public, mais d'autres ne s'y intéressent pas. Certains seront prêts à être nommé, major de classe, major d'une promotion de formation ; alors que d'autres se cachent et refusent quand on leur en fait la proposition. Certaines personnes vivent comme ne s'intéressant pas à la Spiritualité ; pour elles c'est la belle vie, le luxe, la mode, les biens matériels, le manger et le boire…ils ignorent totalement les Choses Spirituelles, les Pensées Eternelles de Dieu. Tout dépend du niveau de la Conscience de chaque personne. Tout dépend du niveau de Pensées de Dieu, que chaque Ame de Vie avait accumulé avant de naître ici-bas. Tout dépend de quelles Nourritures avaient le plus avaient préoccupé l'Ame dans cette Création. D'où viendra l'Harmonie dans la Création de Dieu ? L'Harmonie viendra dans la Création si tout le Monde prend Conscience de la Spiritualité, si tout le monde comprend la Puissance de ces Éléments Vitaux Énergétiques, de ces Puissantes Entités Magnétiques que sont nos Pensées. Les guerres, les conflits, les rivalités, les intérêts, envies, égoïsmes disparaitront lorsque nous abandonnons tous, nos Pensées Corporelles et Périssables, et que nous embrassons la Voie du Bien, la Voie des Pensées de Dieu. Ceux qui avaient déjà commencé ceci, sont en train de construire le Nouveau Royaume de Dieu, le Règne du Saint-Esprit, un Monde de Paix, de Justice, d'Amour. ***Règle d'or numéro 5 : Mes Pensées sont ma vie, elles constituent ma Carte d'Identité Spirituelle, mon Ame le conserve pour moi, elles me définissent.*** Je définis la Pensée, comme étant une image, un symbole, une représentation visible ou invisible, sur laquelle l'on concentre ses sens physiques et spirituels, ou que l'on contemple régulièrement. Elles sont chargées de Vibrations, elles ont un grand niveau de Vibration Magnétique. Elles sont de Puissants Eléments Vitaux Energétiques pour l'Ame, car elles définissent qui nous sommes réellement. Lorsqu'un enfant nait dans cette Sphère Temporelle et Mortelle, après quelques minutes, heures, jours, il vit sa vie comme s'il n'est pas l'auteur de sa propre vie. Mais en réalité, il est venu dans le Monde, avec toute sa vie ; les rencontres, évènements, faits, expériences, connaissances, afflictions, soucis, tristesses, maladies, joies, réjouissances, pleurs, auxquels il va participer tout au long de sa vie jusqu'à sa mort terrestre, sont déjà gravés dans la Pompe de Stockage des Pensées qui se trouve dans son Ame. Chaque rencontre, évènement, fait, se réalisera dans sa vie selon la Loi de Cause à Effet. Alors il vit comme s'il suit le cours des évènements, comme si c'est le Monde qui le dirige, mais en réalité, ce sont ces propres Pensées, qui l'influence positivement ou négativement, qui le conduisent vers les choses qui y sont déjà gravées…puisqu'elles y sont déjà gravées, elles doivent être exécutées à tout prix. Où est le problème ? Le problème, est que certaines personnes avaient gravé sur leurs Ames de Vie, des événements, des faits, des expériences, qui sont douloureux, qui sont malheureux, selon les convoitises, passions aveugles et chaotiques, ardeurs cupides (intérêts, envies, égoïsmes) de leurs propres Pensées. Le problème, c'est le Principe tentateur du Mal, le Péché qui est lié à la Chair de l'Homme depuis le Jardin d'Eden et qui a pris le contrôle de sa vie. Où se trouve la solution ? Christ est mort sur la croix, pour libérer tous ceux qui sont dominés par leurs propres Pensées, tous ceux qui sont malades à cause de leurs Pensées ; tous ceux qui sont inquiets du lendemain, à cause de leurs propres Pensées ; tous ceux qui sont esclaves du Péché à cause de la Chair. L'Evangile de Christ est là, pour nous libérer de ces lourds fardeaux ; l'Evangile de Christ est là, pour nous restaurer, pour nous transformer et faire naître en nous, l'Enfant Divin, le Christ rempli du Saint-Esprit et des Pensées de Dieu ; l'Evangile de Christ est là, pour nous réconcilier avec le Père Céleste. ***Epître de l'Apôtre Paul aux Ephésiens 2 : 3*** ***« Nous tous aussi, nous étions de leur nombre, et nous vivions autrefois selon les convoitises de notre chair, accomplissant les volontés de la chair***

et de nos pensées, et nous étions par nature des enfants de colère, comme les autres… ». Quel choix devons-nous faire maintenant ? Nous sommes responsables de notre vie, nous sommes l'architecte ; donc nous pouvons la redonner la direction que nous souhaitons. Commençons par s'intéresser à ses Pensées est le premier pas du Développement Spirituel. Surtout il faudrait comprendre ce que c'est que la Pensée. Si Dieu a des Pensées, c'est qu'elles sont utiles pour l'Ame, elles sont le Fondement de toute la Création. *1° Les Pensées de Dieu, constituent ses Saintes Ecritures contenues dans l'Ancien Testament; 2° Les Pensées de Dieu, constituent les Paroles de Christ contenues dans le Nouveau Testament ; 3° Les Pensées de Christ, constituent les écrits des Apôtres.* Si l'Apôtre Paul nous commandait ces Huit Pensées en tout temps, c'est qu'elles sont Eternelles et constituent l'essence même des Ames de Vie. Elles sont précieuses pour l'Ame. On peut tout perdre dans la Vie, mais pas les Pensées et les Voies de Dieu ; car elles définissent le Créateur Lui-même, la Créature toute entière et l'ensemble des créatures. Commençons par vivre dans l'Eternel Moment Présent, en ne plus accumuler des inutilités dans nos Ames. *1° Lorsque nous sommes en face d'une situation, qui veut nous marquer à telle point influencer sur notre Etat de Conscience, sur notre Ame, nous devons nous dire « la Vie c'est l'Etat de Présence Christique d'Intemporalité (EPCI),, A chaque jour suffit sa peine », 2° Lorsqu'un problème survient dans nos vies, et veut nous emporter vers des réflexions sur réflexions, nous devons nous dire « la Vie c'est l'Etat de Présence Christique d'Intemporalité (EPCI),, A chaque jour suffit sa peine », 3° Lorsque les inquiétudes veulent nous envahir, jusqu'à prendre le commandement de notre vie, nous devons nous dire « la Vie c'est l'Etat de Présence Christique d'Intemporalité (EPCI), A chaque jour suffit sa peine ».* Nous devons décider d'emmagasiner dans notre Ame, des Choses Célestes, qui sont Eternelles, nous devons les regarder constamment, les contempler constamment, concentrer nos sens sur les biens de Dieu qui sont ses Pensées (Lois, Commandements, Statuts, Ordonnances, Préceptes). Nous ne devons pas les perdre de vue car elles seules sont Eternelles et constituent le réel besoin de l'Ame. L'Apôtre Paul disait qu'à force de contempler les Pensées de Dieu, la Gloire de Dieu, comme on regarde dans un miroir (et c'est la meilleure définition de la Pensée), on finit par être transformé, exactement comme par le Seigneur, l'Esprit. Si les Pensées de Dieu manifestent qui il est, leur contemplation régulière, nous transforme comme tel il est. ***Deuxième Epître de l'Apôtre Paul aux Corinthiens 3 : 18 « Nous tous qui, le visage découvert, contemplons comme dans un miroir la gloire du Seigneur, nous sommes transformés en la même image, de gloire en gloire, comme par le Seigneur, l'Esprit ».*** Qui veut être transformé comme Dieu ? Qui veut être transformé comme le Seigneur, l'Esprit ? Qu'il cherche les Pensées de Dieu, qu'il cherche la Gloire de Dieu, qu'il commence par les contempler tous les jours comme dans un miroir, et petit à petit, la Divinité de Dieu, descendra en lui et le transformera en une Nouvelle Créature ! ***Règle d'or numéro 6 : Mes Pensées ne meurent jamais, tout comme mon Ame ne meurt jamais, Pensées et Ame sont immortelles et définissent l'Homme.*** Le Corps Physique on peut le tuer, car il est Mortel, l'Ame et l'Esprit non. Seul Dieu peut décider du sort de l'Ame d'une créature et seul Dieu peut faire périr l'Ame dans la géhenne. Et c'est ce qui se fera le Jour du Jugement Dernier. ***Evangiles selon Matthieu 10 : 28 « Ne craignez pas ceux qui tuent le corps et qui ne peuvent tuer l'âme ; craignez plutôt celui qui peut faire périr l'âme et le corps dans la géhenne ».*** Ceux qui vivent selon la Chair, qui s'affectionnent aux Actions du Corps, seront jugés, et vivront dans le Feu Eternel. Ceux qui avaient adhérés aux Pensées Eternelles de Dieu, qui mènent une Vie Pieuse, pleine d'Humilité, d'Amour, qui vivent selon les Huit Pensées de Sanctification de l'Apôtre Paul, connaîtront la Paix, la Joie, une vie d'Harmonie, de Santé et de Longévité et auront des Récompenses au Ciel. La Volonté de Dieu, c'est l'accomplissement de son règne sur la Terre comme au Ciel. C'est-à-dire, notre adoration, notre vie terrestre suive le même Ordre, Harmonie, Voie que celle qui se fait d'auprès de Lui, dans le Ciel. Et la Voie pour y arriver, c'est que nous demeurons dans ses Pensées. Si nous choisissons de mener une vie Chrétienne authentique ici-bas, le Saint-Esprit nous accompagnera, et nous amènera auprès de Jésus-Christ, où nous connaitrons la vraie Paix ; mais si nous sommes attachés à nos ardeurs cupides, à nos Pensées Charnelles, qui sont Mortelles et Périssables, ils nous mèneront dans les ténèbres de l'Enfer. L'Homme né dans ce Monde d'en Bas, est donc confronté à la décision du libre arbitre de sa propre Volonté. Il est libre de donner vies à ses ardeurs cupides (envies, intérêts, égoïsmes), passions et convoitises charnelles – qui constituent ses Pensées – et aller en Perdition, en subissant ainsi les effets négatifs de ses propres Pensées, par une condamnation dans la Loi du Péché et de la Mort ; ou décider de prendre le contrôle de sa vie, d'être l'architecte de sa vie, d'être le Noé de Dieu, le Moïse de Dieu, l'Apôtre Pierre de Jésus-Christ, l'Apôtre Paul de Jésus-Christ, et construire son Arche Spirituelle avec rien que les Pensées Eternelles de Dieu, en suivant les traces de Dieu, de tous les Saints Prophète et Apôtres de Dieu, dans la Méditation régulière de la Parole de Dieu, dans la Persévérance, dans la Dévotion, dans les Jeûnes, dans les Prières, dans les Veilles, dans les Aumônes, dans les Communions Fraternelles, dans les Fractions du Pain, dans l'Amour, dans l'Humilité, dans la Vérité, dans l'Intégrité, et la Patience, afin de faire le bon combat, le combat du Don des Pensées Eternelles de Dieu, le combat du Don du Saint-Esprit, le combat de la Bonne Foi du Salut de l'Ame. ***Règle d'or numéro 7 : Mes Pensées conformes aux Pensées de Dieu, c'est ça la Vie Eternelle ; c'est ça l'Illumination !*** Du moment où quelqu'un arrive à construire son Arche Spirituelle Sacrée avec pour contenant les Pensées Eternelles de Dieu, qui ont habité pleinement son Corps-Ame-Esprit ; qu'il médite jour et nuit, qu'il contemple jour et nuit, qu'il regarde jour et nuit, il est sauvé. Car, il ne sera pas surpris par le prochain Déluge ! Faisons le Bon Combat, alors qu'il y a encore un peu du temps pour la fin du Monde ! Jésus-Christ disait, veillez ! Lisons la Parole de Dieu, demeurons dans la Parole, persévérons dans la Connaissance de Dieu. Battons-nous pour connaître Dieu. Lui, nous connait tous, Lui connaît le nom de toutes ses créatures. Sa volonté, c'est que nous parvenons aussi à le connaître, pour que sa Paix puisse régner dans toutes ses Demeures. Cherchons-le de tout notre Cœur, de toute notre Ame et de toute notre Force. Ces Pensées sont les meilleures, elles sont douces, elles sont de Vraies Pensées, elles existent aux siècles des siècles. Ces Pensées n'apportent que de la Joie et du Bonheur. Ce sont nos Pensées Mortelles qui nous créent des ennuis, des inquiétudes, des maladies, et la Mort. Les Pensées de Dieu sont de Puissantes Nourritures Vitales Energétiques pour quiconque les découvre. L'Illumination consiste à connaitre Dieu, pas à l'à peu près, mais totalement ; a possédé toute sa Sagesse, qui sont ses Pensées, et à vivre en tout temps selon elles. Et lorsque nous avons les Pensées de Dieu, nous avions reconquis le Pouvoir du Verbe Vivant du Créateur, nous pouvons ordonner aux montagnes de se déplacer et elles se déplaceront exactement comme l'avait dit Notre Seigneur Jésus-Christ. Les miracles de l'Évangile de Christ, nous accompagneront ; nous ne serons pas des séducteurs, des faux Christs et faux prophètes ; mais les Bonnes Œuvres de son Evangile nous accompagneront ; nous serons des Sources de Bénédictions pour les autres. Nos Paroles auront les mêmes effets que celles de Notre Seigneur Jésus-Christ, car elles sont désormais animées des mêmes Eléments Vitaux Energétiques, des mêmes Entités Spirituelles, des mêmes Vibrations Magnétiques ; elles sont unies aux Pensées des Saints. Notre vie sera accompagnée par des Milices d'Anges et de Génies du Seigneur…notre Corps, Ame et Esprit seront définitivement libérer des chaînes, des cadenas, des vieux manteaux, des voiles de ténèbres, des filets des méchants et des ennemis, des mains des esprits mauvais et démoniques ; nous aurons une libre entrée ans le Royaume de Dieu pour toujours. L'apôtre Pierre, l'Apôtre Paul sont deux Témoins Messagers du Christ que je ne cesse de me rappeler dans mes prières ; la contemplation des Pensées de Dieu, la contemplation de la Gloire de Dieu et la Sanctification, les avaient tellement inondées que Dieu faisait des choses extraordinaires par leurs mains. L'Ombre de l'Apôtre Pierre, guérissait les malades et délivrait les personnes possédées de démons impurs ; les linges, mouchoirs, ceintures de l'Apôtre Paul, guérissaient les malades et délivraient les personnes possédées de démons impurs. Que Dieu nous aide à comprendre autrement l'Evangile de Christ, qu'il nous aide à demeurer dans sa Parole, pas comme des Académiciens de la Bible, des personnes vivant dans la Tradition Religieuse, mais comme de vrais imitateurs des Saints ; et à vouloir les imiter réellement avec une Bonne Foi Eprouvée par des œuvres, afin de connaître la Métamorphose de la Nouvelle Naissance ! Car, ne l'oublions pas si nous savons que Dieu existe, les démons le croient aussi et ils tremblent pour cela. ***Epître de Jacques 2 : 19-20* « *Tu crois qu'il y a un seul Dieu, tu fais bien ; les démons le croient aussi, et ils tremblent. Veux-tu savoir, ô homme vain, que la foi sans les œuvres est inutile ?* ».** La différence, consiste à le chercher, à le trouver ; le trouver, c'est trouver ses Pensées et vivre selon elles, c'est ça l'Illumination ! L'Illuminé Christique; c'est de quel Dieu il parle, parce qu'il vit en Communion avec Lui, il a une Relation Personnelle avec Lui, il connait ses Pensées comme faisant partie de lui-même ; mais l'Homme Vulgaire, attachée à la Sagesse Humaine, a une image caricaturale, imaginaire de monstruosité sur quelque chose qu'il considère comme Dieu. Faisons de notre mieux, alors qu'il est encore Jour, car la Nuit vient où il sera trop tard : Cherchons le Christ, cherchons Dieu alors qu'il est prêts de chacun de nous. Car la vraie Connaissance de Dieu et se son Fils Jésus-Christ, c'est ça la Vie Eternelle, c'est ça l'Illumination. ***Evangile selon Jean 17 : 3** « Or, la vie éternelle, c'est qu'ils connaissent, toi, le seul vrai Dieu, et celui que tu as envoyé, Jésus-Christ ».*

§

QUE POUVONS-NOUS FAIRE POUR AVOIR LES PENSEES DE DIEU ?

a- Il faut recevoir la Grâce de Dieu avec Joie et Intégrité

C'est quoi la Grâce ? La Grâce, c'est le fait d'avoir une opportunité exceptionnelle de trouver une solution définitive à un problème, qu'on cherche à résoudre depuis très longtemps en vain. ***Evangile selon Jean 1 : 17** « car la loi a été donnée par Moïse, la grâce et la vérité sont venues par Jésus-Christ ».* Beaucoup de Frères n'ont pas encore compris le But Ultime de la Marche Chrétienne. Beaucoup de personnes n'ont pas encore compris la Véritable Mission de Jésus-Christ sur Terre. Beaucoup de Frères n'ont pas encore compris que le Salut, est un processus à plusieurs étapes, une échelle avec plusieurs échelons qu'il faut gravir. *1° La Grâce de Dieu, c'est l'Evangile de la Réconciliation du Christ ; 2° La Grâce de Dieu, c'est que l'Homme est condamné dans la Loi du Péché et de la Mort, à cause de ses Pensées dévorantes, chaotiques et aveugles ; et pour le libérer, Christ est mort sur la Croix ; 3° La Grâce de Dieu, c'est que l'Homme est perdu, totalement égaré du Royaume de Dieu, et pour le ramener à sa Domicile Céleste, Christ est mort sur la Croix ; 4° La Grâce de Dieu, c'est que le Salut est offert gratuitement, sans payer de prix, riches ou pauvres ; si on a la Bonne Volonté, on peut saisir la Grâce de Dieu, pour sa propre Rédemption.* ***Ésaïe 55 : 1** « Vous tous qui avez soif, venez aux eaux, même celui qui n'a pas d'argent ! Venez, achetez et mangez, Venez, achetez du vin et du lait, sans argent, sans rien payer ! ». **Deuxième Epître de l'Apôtre Paul aux Corinthiens 6 : 1** « Puisque nous travaillons avec Dieu, nous vous exhortons à ne pas recevoir la grâce de Dieu en vain ». **Epître de l'Apôtre Paul aux Hébreux 12 : 15a** « Veillez à ce que nul se prive de la grâce de Dieu ».* Si nous sommes fermes et constants dans la Grâce de Dieu, nous aurons les Pensées de Christ, pour connaître le Véritable. Nous devons donc recevoir l'Évangile de Christ, comme une porte de sortie définitive de nos Ames qui étaient condamnées dans la Loi du Péché et de la Mort. Recevoir l'Evangile avec une Bonne Foi et une Bonne Volonté, nous permet de demeurer en tout temps dans celui-ci, de le méditer en tout temps, de nous approcher du Seigneur, de quitter les anciennes choses, et de posséder les Pensées de Christ. Commencez par abandonner vos Pensées Charnelles et

Périssables à Christ, commencez par vous abandonner totalement à Christ, commencez par vous humiliez à Christ, et sa Divinité qui est pleine de Pensées Eternelles, vous illuminera pour une vie de Paix, de Joie, d'Amour, d'Allégresse. Beaucoup ignorent ceci ! Beaucoup pensent que la Véritable Paix de l'Ame, se trouve dans le Monde ou dans les Biens du Monde ; et ils se trompent ! La vraie Paix qui illumine l'Ame, et qui jaillit en elle jusque dans la Vie Eternelle, se trouve dans l'Évangile de Christ, se trouve dans la Connaissance de Dieu, se trouve dans la libération de l'Ame de la prison de la Loi du Péché et de la Mort, de la prison de ses propres Pensées qui sont caduques et périssables.

***Première Epître de Jean 2 : 15-17** « N'aimez point le monde, ni les choses qui sont dans le monde. Si quelqu'un aime le monde, l'amour du Père n'est point en lui ; 16 car tout ce qui est dans le monde, la convoitise de la chair, la convoitise des yeux, et l'orgueil de la vie, ne vient point du Père, mais vient du monde. 17 Et le monde passe, et sa convoitise aussi ; mais celui qui fait la volonté de Dieu demeure éternellement ».*
Si nos Pensées sont des images, symboles, représentations d'évènements et faits du monde, elles nous amèneront en perdition ; mais si elles sont du domaine des Vraies Pensées du Père, elles demeureront éternellement et nous demeureront aussi éternellement. Peut-on être de vrais adorateurs, sans la mise en pratique de l'Intégrité ? Peut-on marcher avec le Seigneur, sans l'Intégrité ? Peut-on demeurer dans la Parole de Dieu, sans l'Intégrité ? Peut-on imiter Notre Seigneur Jésus-Christ, sans l'Intégrité ? Peut-on avoir la Vie Eternelle, sans l'Intégrité ? Tous les Témoins Messagers de Dieu étaient des personnes intègres : Hénoch, Noé, Abraham, Isaac, Jacob, Moïse, Josué, Eli, Elisée, Samuel, David, Job, Ésaïe, Jérémie, Ézéchiel, Zacharie, l'Apôtre Pierre et tous ses compagnons, vivaient dans l'Intégrité en tout temps. Pensées et Intégrité vont de pair. L'Homme qui émet en tout temps des Pensées Fausses, Injustes, Impures, ne peut jamais être intègre ; car l'Intégrité est un sentiment, une manière de vivre, qui, est-une conséquence des Pensées Antérieures. Si nous voulons n'émettre que des Pensées Vraies, nous devons décider chacun d'être une Colonne dans la Jérusalem Céleste, une Pierre Vivante, un Saint Tabernacle dans le Royaume de Dieu. Ainsi, nos Pensées seront dépouillées de toutes œuvres de ténèbres, d'impuretés, de faussetés, de corruptions, de convoitises - ce qui va modeler notre personnalité ; nous allons changer de personnalité, et devenir totalement intègres. Décider d'être intègre en tout temps, est une décision personnelle, une nouvelle identité de vie, un nouveau sentiment, basé sur l'imitation de Notre Seigneur Jésus-Christ. L'Intégrité s'acquiert, dans la mise en pratique de la Patience, l'Humilité, la Piété, la Méditation régulière de la Parole de Dieu, de la Consécration aux affaires du Seigneur. L'Homme intègre, ne se presse pas dans ses activités ; l'Homme intègre, ne s'agite pas à la moindre difficulté. Il est calme, il connaît la Prudence. Quiconque pratique l'Intégrité, acquiert le Don du Discernement du Bien et du Mal, il aura la Vision Divine du Saint-Esprit ; car l'Intégrité ramène toute la personnalité de l'Homme à ne vivre que dans son Esprit Humain Intime. L'Homme intègre n'a pas une Double Nature, ou une Double Identité. Il quitte totalement sa

Nature Inférieure, Corporelle et Mortelle, basée sur une vie remplie de péchés et la remplace par sa Nature Supérieure Spirituelle et Céleste basée sur une vie conduite par l'Esprit de Vie et de Paix de Dieu. Il y a donc un basculement, un Changement Radical de Gravitation ; les Actions du Premier Homme, Adam, qui sont les ardeurs cupides, les convoitises charnelles, les passions aveugles et chaotiques, les prétentions insupportables, les vanités, les colères terribles sont engloutis par le Saint-Esprit et ont donné naissance à un nouvel Enfant Divin, le Second Homme, le Christ. L'Homme né de nouveau, c'est celui qui est devenu tel que le Christ, possédant les Nourritures Spirituelles Pures (les Huit Pensées de Sanctification de l'Apôtre Paul-***Epître de l'Apôtre Paul aux Philippiens 4 : 8*** ***« Au reste, frères, que tout ce qui est vrai, tout ce qui est honorable, tout ce qui est juste, tout ce qui est pur, tout ce qui est aimable, tout ce qui mérité l'approbation, ce qui est vertueux et digne de louange, soit l'objet de vos pensées »***, les Sept Vertus Spirituelles de la Sagesse d'en Haut de l'Apôtre Jacques-***Epître de Jacques 3 : 17-18*** ***« La sagesse d'en haut est premièrement pure, ensuite pacifique, modérée, conciliante, pleine de miséricorde et de bons fruits, exempte de duplicité, d'hypocrisie. Le fruit de la justice est semé dans la paix par ceux qui recherchent la paix*** *»),* et vivant dans une totale Intégrité. L'Evangile dit que la tunique de Notre Seigneur Jésus-Christ était sans couture, tissée d'une seule pièce de haut en bas, cette tunique est l'image symbolique de l'Intégrité. La qualité qui se trouve dans l'Intégrité, est que, la Vie Spirituelle de la personne Intègre, ne se distingue pas de sa vie privée. Elle n'a pas un moi privé très différent du moi public. Arriver à avoir les Pensées de Dieu, passe par la pratique de l'Intégrité dans l'Humilité. Nous devons être entiers, marcher dans l'Intégrité avec le Seigneur, car le manque d'Intégrité divise notre personnalité. Notre vie doit être comme la tunique de Notre Seigneur Jésus-Christ, qui est entière d'un seul tissu depuis le haut jusqu'en bas ; c'est-à-dire nous devons avoir une seule identité que nous soyons dans l'Eglise de Dieu, que nous soyons à la maison avec notre famille ou que nous soyons avec les autres. Une personne Intègre vit la Vie de Notre Seigneur Jésus-Christ, selon Notre Seigneur Jésus-Christ et ses propos et ne sont pas différents selon les circonstances. ***Première Epître de l'Apôtre Paul aux Corinthiens 10 : 21-23*** ***« Vous ne pouvez boire la coupe du Seigneur, et la coupe des démons ; vous ne pouvez participer à la table du Seigneur, et à la table des démons. Voulons-nous provoquer la jalousie du Seigneur ? Sommes-nous plus forts que lui ? Tout est permis, mais tout n'est pas utile ; tout est permis, mais tout n'édifie pas ».*** Être intègre, c'est décider de se mettre à l'écart pour Christ, se disposer à être agréable à Christ, prendre la ferme résolution de marcher avec Christ. ***Psaume 84 : 12*** ***« Car l'Éternel est un soleil et un bouclier, l'Éternel donne la grâce et la gloire, Il ne refuse aucun bien à ceux qui marchent dans l'intégrité ».*** Lorsque nous ajoutons à l'Intégrité, la pratique d'Humilité, nous pouvons demander à Dieu de nous donner ses Pensées Eternelles, et cela nous sera accordé

b- Il faut avoir une Bonne Foi et une Bonne Volonté, de prendre le contrôle de ses Pensées

L'Homme est souvent responsable de sa Vie, de ses vécus quotidiens, de ses soucis, de ses peines, selon les types de Pensées qu'il a l'habitude d'émettre. Beaucoup de personnes ignorent que les Pensées préexistent aux Paroles qui sortent de leurs bouches et aux Actions (faits, évènements, circonstances) qui leurs arrivent dans la vie. Si l'Homme peut s'assoir et revoir ne serait qu'une minute son Passé, il comprendra comment il a été le principal acteur de tout ce qu'il avait traversé jusqu'aujourd'hui ; à travers le plus souvent les effets de ses Propres Pensées en Bien ou en Mal. L'Homme a une Double Nature, et chaque Nature aime le commander, lui dicter des choses selon son ipséité. La Nature Inférieure de l'Homme, l'attire vers les ipséités de la Chair, vers les ténèbres de l'ignorance ; vers le Péché et la Mort. La Nature Supérieure de l'Homme, l'attire vers les ipséités de l'Esprit, vers les Lumières de Connaissances Divines, vers la Vie et la Paix. Au milieu de ces Deux Natures, il y a la Vertu Emblématique qu'on appelle la Volonté. L'Homme peut subir les effets de ses propres Pensées selon quelles sont émises avec une Mauvaise Volonté ou une Bonne Volonté. Beaucoup de jeunes avaient traversé des situations très difficiles dans leurs vies, jusqu'à la Mort précoce à cause de l'émission incessante de Pensées Fausses et Plus Basses, animées d'une Mauvaise Volonté. « J'avais un frère, qui ne cessait de dire qu'il devrait être riche ; que dans deux ans exactement, il devrait compter des millions, sinon il va mourir. Il ajoutait à ces propos, une Mauvaise Volonté, qui consistait à trouver une grosse somme d'argent, quel que soit l'origine. Les Pensées préexistant aux Paroles et aux Actions, quelques mois après ces déclarations, ces Pensées Fausses, avaient commencé par enfanter des Mauvais Fruits. Les premiers fruits de ces Pensées Basses, sont des Paroles Mensongères, qu'il ne cessait de prononcer. Il serait immensément riche, il allait réaliser ceci ou cela, sans une explication concordance respectant les Lois d'Harmonie de la Providence Divine…puisque ces Pensées Fausses se déversaient presque en tout temps dans sa Vie au travers de ses Paroles ; l'ensemble Pensées Fausses et Paroles Mensongères, lui avaient attiré des Actions Fausses. Mon frère apprenait qu'on pouvait lui faire une grosse somme d'argent, par la magie et l'idolâtrie…Les Pensées Fausses, génèrent des Paroles Fausses qui génèrent à leur tour, des Actions Fausses. Conséquences logiques, mon frère était tombé dans des situations difficiles, d'inquiétudes et de dépression. Il avait perdu son travail. Il allait consulter fréquemment les idolâtres ; sa vie se trouve auprès des personnes possédées de Mauvais Esprits. Il était tombé dans une maladie dont-on ignore la réelle cause, qui finit par l'emporter très tôt ». Si nous cohabitons avec des Pensées Fausses, ce sont elles-mêmes qui finiront par nous détruire. Des Pensées Fausses, nous apportent des Eléments Vitaux Energétiques Impures, qui finissent tôt ou tard par nous détruire complétement. Mais si nous cohabitons avec des Pensées Vraies, elles nous ouvriront la Porte de Notre

Véritable Demeure, elles nous apporteront des Eléments Vitaux Energétiques, des Puissantes Nourritures Spirituelles Pures, qui nous donneront la Paix, la Santé, le Bonheur, la Longévité.
Commencez par n'émettre que des Pensées Vraies, les Plus Elevées ; commencez par façonner vos Pensées avec les Lois d'Harmonie Spirituelle de Dieu. Et la Divine Providence se mettra à votre service aussitôt ; vous serez accompagné par des Milices de Génies du Seigneur, qui dominent sur les Pensées Eternelles et les Lumières de Connaissances Divines. Cette Volonté doit être avant tout, une Bonne Volonté, qui vous permettra, de vous aligner sur la Voie de l'Evolution ; cette Volonté doit premièrement vous permettre, de vaincre toutes les Pensées Mortelles et Corruptibles en vous, de libérer votre Conscience d'Eléments Vitaux Energétiques Corruptibles. Vous aurez ainsi une Conscience Différenciée de l'Universel, unie à la Nature Divine, vous permettra de prendre le commandement de vos Pensées. Lorsque vos Pensées seront en Ordre et Harmonie avec les Lois, Statuts, Commandements, Ordonnances, de Dieu, les Miracles du Christ vous accompagneront. Beaucoup ignorent la Puissance de la Bonne Volonté. Lorsqu'une Ame purifiée décide d'être accompagnée par des Milices du Génies du Seigneur, cela lui sera possible. Car nos Pensées sont des Eléments Vitaux Energétiques dotées de Puissances Spirituelles, qui peuvent déplacer des montagnes. Pourquoi doutez-vous de la Puissance de vos Pensées ? Vos Pensées sont plus sophistiquées que les bombes, fusils et virus de destruction massive. Quiconque prend conscience du Pouvoir de ses Pensées, et leurs accorde la place digne quelles méritent dans sa vie de pèlerin de la Jérusalem Céleste, sera accompagné par des Milices d'Anges et de Génies du Seigneur.

L'Apôtre Paul disait *« que tout ce qui mérité l'approbation, soit l'objet de nos pensées »*. L'Homme a le libre arbitre de sa Mauvaise ou Bonne Volonté d'émettre des Pensées en Bien ou en Mal. L'émetteur des Pensées de l'Homme, n'est rien d'autre que lui. Il y a problème, lorsque l'Homme cède son titre d'émetteur, aux Affections de son Corps. Dans ce cas, l'Homme devient récepteur ou celui qui subit ses propres Pensées. C'est le cas pour beaucoup de personnes aujourd'hui. On voit certaines personnes vivre comme envoutées par la vie, tout simplement parce qu'ils sont devenus Esclaves de leurs propres Volontés et Pensées. Ils courent par ici, par là, ils veulent réaliser ceci ou cela, ils veulent atteindre tel ou tel but avant tel ou tel période, selon les Convoitises de leurs Pensées. Certaines sont devenues très inquiètes, coupées de la vraie vie, coupées de la Véritable Lumière. Leur Ame est enfermé dans des filets des volontés de leur Chair et de leurs Pensées. **Psaumes 124 : 7-8** ***« Notre âme s'est échappée comme l'oiseau du filet des oiseleurs ; le filet s'est rompu, et nous sommes échappés. Notre secours est dans le nom de l'Eternel, qui a fait les cieux et la terre ».*** Prendre le contrôle de ses Pensées, nécessite une Bonne Volonté, le Discernement et la Tempérance. La Bonne Volonté, nous permettra de prendre la Bonne Décision de commencer par surveiller nos Pensées ; le Discernement nous permettra de connaître les Pensées Bonnes et Mauvaises, d'éviter celles qui sont mauvaises, d'ouvrir les bras à celles qui sont bonnes ; la Tempérance, nous permettra de ne pas se presser dans la vie, d'être de vrais adorateurs, des enfants éveillés qui surveillent leurs Pensées. La Tempérance nous permettra de comprendre que chaque Pensée, est un Elément Vital Energétique, une Nourriture Spirituelle qui fera partir de notre Carte d'Identité Spirituelle, qui définira nos vies futures de générations en générations. Lorsque nous ajoutons, à la Bonne Volonté, du Discernement et au Discernement, la Tempérance, nous pouvons être accompagnés par des Génies du Seigneur; nous aurons ainsi des Pensées Valorisantes, qui apportent la Paix, la Joie, le Succès, le Bonheur, la Stabilité, la Bonté, la Bienveillance, le Progrès spirituel et social. Ne l'ignorons pas, le progrès spirituel et social de Josué, dépendais de ses Pensées c'est-à-dire de la Méditation qu'il faisait de la Parole de Dieu. A travers la Méditation régulière de la Parole de Dieu, Josué avait acquis les Pensées de Dieu, il avait conquis la capacité de prendre le contrôle de ses Pensées et de conduire son peuple jusqu'à la Terre Promise. Josué avait appris à communiquer avec le Chef de l'Armée de Dieu, et de recevoir de lui, des Connaissances Supérieures, afin de pouvoir renverser les murs de Jéricho ; Josué avait ordonné au Soleil et à la Lune de s'arrêter sur le cours de leurs chemins et cela c'était arrivé ; tout ceci grâce à la Méditation de la Parole de Dieu, qui l'avait mis dans la Vie de Communion avec les Génies du Seigneur. Commencer par prendre le contrôle de vos Pensées, ouvrez vos bras aux Hiérarchies Célestes Supérieures, priez en tout temps, demandez à Dieu, de vous donner la Sagesse du Véritable, le Discernement afin d'arriver à prendre le contrôle de vos Pensées. Et vous ne serez plus manipuler par vos propres Pensées ; et vous ne serez plus sous l'emprise des volontés de votre Chair ; et vous ne serez plus dominer par les Mauvais Esprits.

c- Il faut avoir du Discernement et la Tempérance, en tout temps

Notre Monde manque de personnes disposant du Discernement. La Vie du Croyant sans le Discernement, l'amène dans des situations difficiles. Avoir du Discernement Spirituel, consiste à vivre avec la Vraie Foi c'est-à-dire la Connaissance, et non avec la Vue...Il faut que notre vision dépasse le seuil de l'intellect raisonneur des sens physiques. Nous devons vivre éveiller, nous devons marcher éveiller, nous devons dormir éveiller. Le Bien et le Mal, sont présents en permanence dans cette Sphère Temporelle et Mortelle. Pour s'y adapter, pour marcher comme des Enfants de Lumière, pour demeurer dans les Pensées de Dieu, il faut du Discernement du Bien et du Mal. Il permet à l'Homme de ne pas accumuler de Pensées Fausses, en écartant en tout temps dans sa vie, les Situations Fausses et Impures ; et de demeurer dans les Situations Confortables et Pures. Beaucoup sont prêts à considérer les Situations Fausses et Impures telles que l'adultère, la fornication, la masturbation, la pornographie, le mensonge, l'ivrognerie, la médisance, l'infamie, les vaines discussions, les contes profanes et absurdes, les commérages, les bouffonneries, les excès de table, comme des Situations Confortables ; tout simplement parce qu'ils étaient en Perdition ! 1° Ils avaient perdu le Chemin de leur Véritable Demeure ! 2° Ils sont tombés dans la voie de l'Homme Corporelle ! 3° Ils avaient perdu le contrôle de leurs Pensées, celles-ci avaient pris le devant sur eux et leurs dictent ce qu'ils devraient faire…c'est la principale cause de la chute d'Adam. Les Pensées d'Adam avaient pris le contrôle sur sa vie ; Adam avait succombé à ses Pensées Mortelles qui sont des ardeurs cupides (envies, intérêts, égoïsmes) : les Eléments Vitaux Energétiques qui sont à l'origine du Mal. Le Principe du Mal, est une Pompe de Stockage des Pensées Mortelles composée d'un ensemble d'Eléments Vitaux Énergétiques Mortels qu'on appelle le Péché. Le Péché englobe ainsi les ardeurs cupides (envie, intérêt, égoïsme), convoitises charnelles, passions aveugles et chaotiques, désirs insupportables, l'ignorance, les colères, le mensonge, le vol, l'idolâtrie, la fornication, l'inquiétude, la témérité, l'intempérance, l'avarice, la corruption, la tristesse, la méchanceté, l'excès de table, la calomnie, la concupiscence,... Tant que l'Homme est prisonnier de ces choses, il est manipulé par ses propres Volontés et Pensées qui finiront par l'amener en Condamnation. Les Pensées de l'Homme, lui dictent sa vie, son avenir, selon quelles sont Vraies, en l'amenant sur la Voie du Bonheur ; ou Fausses, en l'amenant sur la Voie du Malheur. Décider d'avoir la Pensée de Christ, consiste premièrement à prendre Conscience de l'existence d'une Pompe de Stockage des Pensées au sein de l'Ame de Vie de l'Homme, qui l'accompagne aux siècles des siècles. La Connaissance de cette Pompe, nous interpelle à ne mettre dedans rien que des Pensées Eternelles. Telle était le commandement de l'Apôtre Paul aux Philippiens, *Philippiens 4 : 8 - « que tout ce qui est, que tout ce qui est, que tout ce qui est, ...soit l'objet de vos pensées »* - justement parce que leurs propres Pensées, dictent leur vie toute entière de génération en génération. S'ils suivent ces Commandements, ils connaîtront la Paix, la Santé, la Joie, le Bonheur ; car leurs vies seront en Ordre avec les Lois d'Harmonie de la Divine Providence.

Bien-aimés, la Marche Chrétienne nécessite cette Vertu Emblématique qu'est la Tempérance ! Les enfants pèlerins du Ciel, doivent être tempérants en tout temps. Le Monde est truqué de corruption, de convoitise, de mensonge, de vol, de fraude ; pour cela, les enfants pèlerins du Ciel doivent être tempérants. Ils doivent être Tempérants devant toute situation et ne pas crier Victoire aussitôt. Le Seigneur Jésus-Christ avait bien précisé que dans les derniers temps, il y aura des faux Christs, et des prophètes, qui viendront juste pour leurs ventres ; et ils vont même détourner certains élus de leur Véritable Demeure Céleste. Etre tempérant, signifie vivre dans l'Humilité, la Douceur, la Paix, la Bienveillance : ce qui nous donne le Don du Discernement, pour ne pas tomber dans les pièges du Malin. Bien-aimés, le Discernement du Bien et du Mal passe par la pratique de la Tempérance au quotidien. Si nous sommes suffisamment tempérants, Dieu nous appellera ses Elus, Saints et Bien-aimés. Beaucoup de Croyants ne sont pas tempérants. Devant un petit problème qu'on peut gérer entre frères, on refuse la Voie de l'Amour et de la Paix et on emprunte la Voie de la Division. Aujourd'hui partout dans le Monde, les Hommes tombent dans certaines tentations par manque de Tempérance. On se presse dans la Vie et parfois on prend des décisions dans la hâte sans consulter Dieu. Quiconque veut plaire à Dieu, quiconque veut avoir les Pensées de Dieu, doit mettre en pratique cette Vertu qu'est la Tempérance. Elle nous apprend à ne pas crier aussitôt Victoire dans la Vie, mais à utiliser le Discernement pour voir quelle est la Volonté de Dieu pour nous. Quiconque veut plaire à Dieu, doit mettre sa Foi en œuvre. Il faut que notre Foi devienne une Bonne Foi à travers des Œuvres. La Foi que l'on n'éprouve pas à travers des Œuvres, est une Foi morte. La Foi, pour nous amener vers la Connaissance de Dieu, vers les Pensées Eternelles de Dieu, doit être éprouvée dans la Tempérance ! La Tempérance, signifie que nous ne devons pas rester statiques après notre Baptême, nous devons plutôt nous lever et avancer dans la course du Pèlerinage vers notre Demeure Céleste, dans le Discernement, la Bonne Foi et la Bonne Volonté. Quand nous ajoutons à la Bonne Foi, la Bonne Volonté et à la Bonne Volonté, du Discernement, alors nous allons croitre dans la Grâce et la Connaissance de Dieu et devenir agréables à Lui.

Souhaitons-nous avoir la Pensée de Christ ? Souhaitons-nous avoir des Pensées novatrices dans tous les domaines ? Souhaitons posséder la Plus Grande Intelligence de Dieu ? Souhaitons-nous posséder la Plus Grande Sagesse de Dieu ? L'Homme Sage, disposant de la Sagesse Mystérieuse et Cachée de Dieu, émet des Pensées sages ! Nous aurons la Pensée de Christ, si nous connaissons la Sagesse Mystérieuse et Cachée de Dieu. Il y a Deux Sagesses : la Sagesse d'en Bas et la Sagesse d'en Haut. La Sagesse d'en Bas, est du domaine de l'Inconscient Collectif et ses Lois de Causalité. Elle est attachée aux Actions du Corps, elle se sème dans l'ignorance, la témérité, la concupiscence, l'avarice, l'égoïsme, l'intérêt, l'envie, l'inquiétude, la ruse, et a pour fruits, l'intempérance, la méchanceté, l'injustice, la tristesse, l'erreur, la colère. Elle a pour fruits le désordre, l'échec, la division, la dispute, la maladie et la mort. Elle nous amène en perdition et en condamnation. La Sagesse d'en Haut, est du domaine de la Conscience Universelle, de la Nature Divine de Dieu. Elle est basée sur la vie d'un Esprit Humain libéré et unifié au Père Céleste. Elle s'acquiert dans la pratique de l'Humilité, la Patience, la Douceur, la Vérité, la Charité, la Force, la Justice, la Prudence, la Tempérance, la Foi, l'Espérance Vivante, l'Amour. Elle a pour fruits l'Amour, la Paix, la Joie, la Santé et la Longévité. Elle libère l'Ame de toutes les souillures, vieux manteaux, cadenas, voiles de ténèbres ; et lui permettre de retourner vers son Créateur. ***Epître de Jacques 3 : 17-18 « La sagesse d'en haut est premièrement pure, ensuite pacifique, modérée, conciliante, pleine de miséricorde et de bons fruits, exempte de duplicité, d'hypocrisie. Le fruit de la justice est semé dans la paix par ceux qui recherchent la paix ».*** Elle nous fait comprendre la vie de toutes les créatures de Dieu, en donnant la meilleure compréhension de la Vie et de la Mort. Elle rétabli l'Ame de l'Homme selon l'image et la ressemblance du Père. L'Homme totalement illuminé, a les Pensées du Père. Quiconque aime le Père de tout son Cœur, de toute son Ame et de toute sa Force, avec attachement, Dévotion, et une vie de Piété, sera libéré de la Loi du Péché et de la Mort, et possèdera toutes ses Pensées. Beaucoup de fidèles n'ont pas encore pratiqué l'Amour du Père. On s'est comment aimer nos parents, nos maris, nos enfants, nos proches, nos clients, nos connaissances ; on s'est comment avoir confiance à nos parents, maris, enfants, amis…mais on n'a jamais expérimenté l'Amour sincère du Père. Quiconque aime Dieu d'un Amour sincère avec Tempérance, le connaîtra. Aimer Dieu avec Tempérance, exige l'aimer avec Douceur, avec Humilité, avec Patience ; l'aimer avec son Corps, son Ame et son Esprit. L'aimer jusqu'à vouloir le rencontrer comme Jacob le Saint d'Israël ou comme le Prophète Moïse. Quiconque aime Dieu de telle manière, connaîtra ses Pensées et ses Voies !

d- Il faut rester attacher à Dieu, la Mère des Pensées Immortelles

Le Seigneur Jésus-Christ disait que *« sans moi, vous ne pouvez rien faire »*. ***Evangile selon Jean 15 : 5 « Je suis le cep, vous êtes les sarments. Celui qui demeurer en moi et en qui je demeure porte beaucoup de fruit, car sans moi, vous ne pouvez rien faire »***. Sans moi, vous ne pouvez rien faire c'est-à-dire sans moi, vous ne pouvez rien faire de durable jusque dans la Vie Eternelle. Nous aurons des Pensées Eternelles seulement quand elles proviennent du Christ. Nos Pensées sont comme des grains que nous sommons à travers nos Paroles et nos Actions ; elles porteront beaucoup de Bons Fruits, si seulement si, elles proviennent du Christ. On peut facilement comprendre pourquoi, les Pensées de la Sagesse Humaine, ne peuvent que fabriquer des bombes atomiques, des fusils, des virus de destruction massive ; tout simplement parce qu'elles sont des Pensées Mortelles, appartenant à l'intellect raisonneur, des sens physiques. Telles sont également les Pensées qui sont à l'origine des Luttes, des Querelles, des Murmures ; des Pensées dominées par le Principe du Mal, des Pensées dominées par l'ego…ces Pensées égotiques ont une fin terrible, cruelle ; car elles sèchent brusquement comme une herbe qui manque d'Eau, d'Eléments Vitaux Energétiques Eternels. Les Vraies Lumières de Connaissances Eternelles, se trouvent dans le Nom de Notre Seigneur Jésus-Christ. Et si nous demeurons en Christ, nous aurons ses Pensées ; nos Pensées seront des Pensées Vraies, qui peuvent porter beaucoup de Bons Fruits…qui peuvent nous donner la Santé, la Paix, la Joie, la Longévité, les Bénédictions. Demeurer en Christ, c'est suivre ses traces, faire sa Volonté en tout temps. Demeurer en Christ, c'est avoir ses Pensées et vivre selon celles-ci en tout temps.

Nos Pensées ont-elles une origine ? Existe-il une Cellule Mère dans laquelle sortent toutes les Pensées Aimables ? ***Ésaïe 55 : 8 « Car mes pensées ne sont pas vos pensées, et vos voies ne sont pas mes voies »***. Les Pensées de Dieu sont Spirituelles, Célestes et Eternelles, elles constituent sa Sagesse Mystérieuse et Cachée. Les Pensées de l'Homme né dans cette Sphère Temporelle et Mortelle, sont Corporelles, Périssables et Mortelles. Il y a donc une opposition entre la Nature Corporelle et Mortelle de l'Homme né dans cette Sphère Temporelle et Mortelle et la Nature Céleste et Immortelle de Dieu. De ces Deux Natures, s'opposent l'une de l'autre ; il y a l'une qui élève l'Homme vers Dieu, et l'autre qui le sépare de Dieu. Rester attacher à Dieu, rester attacher aux Pensées de Dieu, passe par l'abandon de ses propres Pensées qui sont Temporelles et Mortelles ; passe par l'Amour de sa Parole ; passe par la Méditation régulière de sa Parole. Nos Pensées quoi que nous les qualifions de bien, ne sont pas les Pensées de Dieu ; c'est pourquoi quelques soient les réalisations, inventions des Hommes dans cette Sphère Temporelle et Mortelle, elles sont toujours vouées à la Vanité. Dans ce Monde d'en Bas, dans la Dimension Terrestre et Horizontale ; tout ce qui vit, tout ce qu'on invente, tout ce qu'on pense, est voué à la Loi de l'Impermanence des Choses, à la Vanité des Vanités. Aussi grand que notre Amour sera pour les Biens de ce Monde d'en Bas, aussi grand que nos Pensées seront sur les Biens de ce Monde d'en Bas ; elles nous amèneront en Perdition et en Condamnation, car elles n'obéissent pas aux Voies de Dieu. Dans ce verset du Prophète Ésaïe, nous voyons l'existence d'une Double Voies conforment aux Deux Catégories de Pensées : les Pensées de l'Homme Corporel, Corruptible et Mortel, qui vont l'amener sur les Voies de la Perdition et de la Condamnation ; et les Pensées de l'Homme Spirituel Céleste, qui vont l'amener vers les Voies de Dieu, vers le Royaume de Dieu. Rester attacher à Dieu, permet à l'Homme, de s'approprier de ses Pensées et de ses Voies. Lorsque nous marchons avec Dieu, comme Hénoch, comme Noé, comme Moïse, comme l'Apôtre Paul, nous prenons possession de ses Pensées et de ses Voies Eternelles ; ce qui nous permettra d'avoir la Vie Eternelle.

e- Il faut opérer le Changement Spirituel, afin de réaliser sa propre Crucifixion

Est-il possible de n'émettre que des Pensées Vraies, Honorables, Justes, Pures, Vertueuses ? Oui, puisqu'il est possible à l'Homme d'être émetteur de ses propres Pensées. Nos Pensées sont des Eléments Vitaux Energétiques, des Puissances Spirituelles qui existent aux siècles des siècles. L'Homme dispose d'une Pompe de Stockage Spirituel de toutes ses Pensées depuis sa création, que j'appelle sa Pompe Personnelle de Stockage de Pensées, qui se trouve dans son Ame. La sortie de l'Homme de cette Sphère Temporelle et Mortelle, nécessite la réalisation d'un Changement Spirituel, d'une Crucifixion. C'est pourquoi le Seigneur Jésus-Christ disait que quiconque veut venir après lui, doit renoncer à lui-même, prendre sa croix. « Renoncer à lui-même », « prendre sa croix » consiste à opérer le Changement Spirituel pour une Renaissance en Corps de Lumière. Il faut quitter tout ce qui est charnel, corruptible, périssable et mortel dans la Pompe de Stockage des Pensées, et demeurer dans des Choses Spirituelles, Célestes et Eternelles. Réaliser le Changement Spirituel, consiste à remplacer ses Pensées Terrestres et Mortelles d'orgueil, d'arrogance, d'échec, de colères terribles, de prétentions insupportables, de vanités, de mensonges, de corruptions ; par des Pensées de Dieu de Gratitude, de Succès, d'Elévation, d'Encouragement, d'Appréciation, de Modestie, de Sympathie, de Générosité, de Bonté, de Bienveillance. Nos Pensées sont des Eléments Vitaux Energétiques. Elles possèdent les empreintes de notre Ame, elles possèdent les histoires toute entière de nos vies anciennes et auront des effets en Bien ou en Mal sur nos vies présentes et futures. Les Pensées que quelqu'un émet constamment, constitueront ses paroles, constitueront ses actions, constitueront ses vécus ou expériences en Bien ou en Mal. L'Homme peut ainsi subir les effets négatives de ses propres Pensées durant toute une vie, tout simplement parce qu'elles sont contraires à la Volonté de Dieu. Du moment où l'Homme commence par abandonner ses propres Pensées, il aura une Mémoire totalement purifiée, libérée de toutes les anciennes choses ; sa Mémoire sera ainsi connectée, ou liée à l'Ame de Dieu…Il peut ainsi jouir librement des Pensées de Dieu ; il n'a plus besoin de ses propres Pensées, mais peut vivre selon les Pensées de Dieu, c'est-à-dire l'Esprit de Dieu en lui, le Saint-Esprit en lui. *Le Premier Pas*, consiste à arrêter de penser ; *le Deuxième Pas*, consiste à libérer son Ame des anciennes choses, des impuretés, opprobres et autres péchés commises volontairement ou involontairement à travers Jeûnes, Prières, Sanctification ; *le Troisième Pas*, consiste à inviter le Saint-Esprit, l'Esprit de Vérité, prendre contrôle de ses Pensées ; donner le commandement de ses Pensées au Saint-Esprit. Abandonner ses Pensées, passe d'abord par la pratique de la Bonne Foi, la Foi c'est la Vraie Connaissance ! ***Evangile selon Jean 16 : 13 « Quand le consolateur sera venu, l'Esprit de vérité, il vous conduira dans toute la vérité ; car il ne parlera pas de lui-même, mais il dira tout ce qu'il aura entendu, et il vous annoncera les choses à venir »***, le Saint-Esprit, est le Génie qui domine sur les Pensées Eternelles, la Plus grande Intelligence de Dieu, la Plus Grande Sagesse de Dieu, la Connaissance Parfaite du Véritable. A quoi bon à l'Homme de vouloir encore penser ? L'Homme né dans cette Sphère Temporelle et Mortelle, émet des Pensées qui proviennent de sa Chair, de ses organes des Sens, de ses attractions charnelles, de l'orgueil de ses yeux, …raison pour laquelle la Sagesse Humaine quoiqu'elle soit, ne peut que fabriquer des choses périssables et passagères, de destructions massives. Les choses de luxes, de grandes valeurs qu'on invente sur cette Terre, finissent toujours par être vouées à la Vanité des Vanités, elles sont recyclables…Parce qu'elles sont du domaine de l'intellect raisonneur de nos sens physiques, qui est le propre de cette Sphère Temporelle et Mortelle. Dans la Dimension Terrestre, Horizontale, Charnelle, aucune chose ne sera parfaite éternellement ; les Pensées de l'Homme Vulgaire Corporel sont temporelles et produisent des idées ou choses qui sont temporelles, mortelles et passagères ; car n'étant pas compatibles avec les Pensées de Dieu. L'Homme né de Nouveau, celui qui est rempli de l'Esprit de Vérité, produit à coup sûr des choses extraordinaires. En lisant la Bible, on peut se demander comment les Hommes de Dieu, ont pu écrire des textes aussi sacrés comme ceux-là. D'où leur vient cette Connaissance ? Cette Pensée ? Et leurs écrits sont tenus pour vérités éternelles, elles sont saintes, pures ; pas pour leur époque uniquement, mais aux siècles des siècles. Tout simplement, parce que leurs Ames sont totalement unies à l'Ame de Dieu le Père, leurs Corps Mortels sont totalement revêtus du Saint-Esprit, le Sans Forme avait pris totalement la place de la Forme ; l'Homme Extérieur est disparu, englouti par l'Homme Intérieur ; conséquence logique, ils sont de vrais Témoins Messagers de Dieu ; ils sont comme « Dieu » ici-bas. L'Apôtre Paul disait que l'Homme Spirituel, est celui qui a la Pensée de Christ. ***Première Epître de l'Apôtre Paul aux Corinthiens 2 : 15-16** « 15 L'homme spirituel, au contraire, juge de tout, et il n'est lui-même jugé par personne. 16 Car qui a connu la pensée du Seigneur, pour l'instruire ? Or nous, nous avons la pensée de Christ ».* L'Homme totalement rempli du Saint-Esprit, a la Pensée de Christ, autrement dit, il n'émet point de Pensée provenant de lui-même, mais toutes ses Pensées proviennent du Saint-Esprit.

Notre Seigneur Jésus-Christ avait bien dit que celui qui voudrait le suivre, doit abandonner tout, prendre sa croix et venir le suivre. Que voudrait dire exactement ? Beaucoup de Croyants ne savent pas que la Marche Chrétienne nécessite une Changement Spirituel de Gravitation ! Beaucoup de Croyants ne savent pas que la Marche Chrétienne, nécessite une Crucifixion personnelle de chaque Croyant. L'erreur serait d'entrée dans une Assemblée Chrétienne, et de vivre exactement comme on était avant dans le Monde. L'erreur serait de ne pas comprendre ce que c'est que la Rédemption Christique. Si nos Pensées sont des Eléments Vitaux Energétiques qui nous accompagnent aux siècles des siècles, alors nous devons prendre le contrôle de celles-ci. Si nos Pensées sont de Puissantes Nourritures Vitales, pour notre Corps, Ame et Esprit, alors nous devons prendre la commande de celles-ci. Le Salut du Croyant, passe par l'identification de ses propres Pensées aux Pensées du Christ. Il y a donc nécessité pour l'Homme d'abandonner quelque chose avant d'accéder au Royaume de Dieu. Il y a nécessité pour l'Homme de quitter ses vieux manteaux, ses anciens bagages, ses cadenas, ses anciennes choses et œuvres de ténèbres avant d'entrer dans le Royaume de Dieu. D'où l'importance du Changement Spirituel, de la Crucifixion ! Tout comme on formate une clé USB, pour le rendre neuve ; pour quelle puisse être désormais utile pour de Bonnes Œuvres ; l'Homme a besoin de quitter ses anciennes Pensées, s'il veut retourner vers le Pasteur et le Gardien de son Ame. Décider d'avoir la Pensée de Christ, exige l'idée d'un Changement, d'un Passage, d'une Crucifixion : *1° de l'Ignorance à la Connaissance ; 2° de la Nuit au Jour, 3° des Ténèbres à la Lumière, 4° des Œuvres de la Chair aux Œuvres de l'Esprit, 5° des Choses Anciennes aux Choses Nouvelles, 6° du Vieil Homme au Nouvel Homme, 7° de l'Homme Extérieur à l'Homme Intérieur, 8° du Charnel au Spirituel, 9° du Visible à l'Invisible, 10° de la Mort à la Vie, 11° de la Nature Pécheresse et Périssable à la Nature Divine, 12° de l'Inconscient Collectif à la Conscience Universelle de Dieu.* L'Homme doit arriver à vivre sous l'impulsion de l'Esprit, il doit assister à un Transfert de Position, un Changement d'une Vie dominée par des Pensées Charnelles, donc Charnelle et Mortelle, à une Vie dominée par les Pensées Spirituelles, donc Céleste et Eternelle. Et ce changement doit s'opérer dans son Corps-Ame-Esprit en Intégrité. C'est comme enlever son manteau d'Homme Pécheur, Homme Esclave des ardeurs cupides (intérêts, envies, égoïsmes), des convoitises charnelles, des passions aveugles et chaotiques, des désirs insupportables, des vanités, des corruptions, des avidités, des mensonges – qui entraînent tous la Mort et le Jugement, pour mettre un manteau d'Homme Nouveau, Homme Esclave de Dieu, pour mener une Vie rempli des Pensées de Dieu.

Nous voulons avoir la Vie Eternelle ! Nous voulons tous naître de nouveau ! Aux jours de Noé, la Parole de Dieu révèle que seulement huit (08) Personnes ont été sauvées du Déluge et l'Apocalypse révèle que seulement cent quarante-quatre mille (144 000) personnes seront sauvées à la fin des temps. Avons-nous déjà opérer le Changement Spirituel pour une Renaissance Spirituelle en Jésus-Christ ? Avons-nous plongé nos regards dans la Parole de Dieu, pour notre Rédemption Spirituelle ou nous sommes des adorateurs oublieux ? La Marche Chrétienne nécessite un Changement, une Crucifixion, que Jésus-Christ appelle chaque Ame de Vie à faire, afin de devenir Sacrificateur de Dieu pour toujours. Huit (08) personnes furent sauvées aux jours de Noé ; sommes-nous conscients de la fin du Monde ? Sommes-nous prêts aujourd'hui pour l'avènement de Christ ? Pour avoir les Pensées de Christ, nous devons être remplis du Saint-Esprit, car le Saint-Esprit nous enseigne toutes choses, le Saint-Esprit nous communique tous les dons spirituels…avant d'être rempli du Saint-Esprit, chaque pèlerin du Royaume de Dieu, doit réaliser sa propre Crucifixion : il doit vaincre tous ce qui l'attache à sa Nature Terrestre, Corporelle et Mortelle comme les ardeurs cupides, les passions aveugles et chaotiques, les convoitises charnelles, les prétentions insupportables, les colères terribles, les vanités, les inquiétudes, les mensonges, l'adultère, la fornication, l'idolâtrie, la calomnie, la médisance, la corruption…il doit se libérer totalement de toutes ces choses et donner place aux facultés d'une vie chrétienne authentique basée sur l'accession aux Vertus Spirituelles Pures, aux Hiérarchies Supérieures, qui passe par *1°le changement du Visible à l'Invisible ; 2° changement de l'Homme Extérieur à l'Homme Intérieur ; 3° changement du Corporel ou Spirituel, 4° changement du Terrestre au Céleste, 5° changement de la Chair à l'Esprit ; 6° changement du Corruptible à l'Incorruptible ; 7° changement du Mortel à l'Immortel* ; tout ceci à travers la pratique des Nourritures Spirituelles Pures (les Huit Pensées de Sanctification de l'Apôtre Paul-***Epître de l'Apôtre Paul aux Philippiens 4 : 8 « Au reste, frères, que tout ce qui est vrai, tout ce qui est honorable, tout ce qui est juste, tout ce qui est pur, tout ce qui est aimable, tout ce qui mérité l'approbation, ce qui est vertueux et digne de louange, soit l'objet de vos pensées »***, les Sept Vertus Spirituelles de la Sagesse d'en Haut de l'Apôtre Jacques-***Epître de Jacques 3 : 17-18 « La sagesse d'en haut est premièrement pure, ensuite pacifique, modérée, conciliante, pleine de miséricorde et de bons fruits, exempte de duplicité, d'hypocrisie. Le fruit de la justice est semé dans la paix par ceux qui recherchent la paix »***) ; avec la Force Toute Puissance de Dieu. Tout ceci aboutira à la naissance d'une Nouvelle Personne, qui devient un Elu, Saint et Bien-aimé de Dieu, ayant atteint la

Perfection des Saints, la Plénitude de la Divinité de Dieu et vivant pleinement dans la Vie de Communion avec Dieu et avec son Fils Jésus-Christ. Sa vie portera de Bons Fruits dans tout ce qu'il entreprendra.

Les images que nous formons avec les regards de nos organes des sens, constituent des empreintes non effaçables et nous accompagnent aux siècles des siècles en Bien ou en Mal. C'est notre Carte d'Identité Spirituelle. Ces images font parties de notre Matériel Spirituel. Chaque Homme a donc sa Pompe Personnelle de Stockage de Pensées, qui lui est propre. Dans cette Pompe, nous avons tous nos vies passées et présentes, qui dicteront nos vies futures. Si les Pensées que nous faisons ne sont pas compatibles avec les Pensées de Dieu, elles nous accompagneront en Mal, elles nous attireront des situations de d'Echec, de Malheur, de Maladie, de Tristesse, de Douleur ; tout simplement parce qu'elles sont contraires aux Pensées de Dieu. La Nouvelle Naissance, est une Véritable Métamorphose Spirituelle. Beaucoup sont dans des Assemblées Chrétiennes, mais sont des malades, tout simplement, parce qu'ils sont Esclaves de leurs Pensées. Beaucoup de personnes baptisées en Christ, n'ont pas encore connue la Véritable Renaissance Spirituelle, parce qu'ils sont conduites par leurs propres Pensées, ils sont gouvernées par leurs propres Pensées ; leurs vies sont basées sur la satisfaction des désirs corporels de leurs Pensées. L'Illumination Christique, consiste pour les descendants d'Adam, à prendre le contrôle de leurs Pensées. Nos Pensées, pour nous apporter des Bénédictions, de la Paix, de la Joie, de l'Allégresse, de la Santé, du Bonheur, doivent être des Pensées de Dieu.

f- Il faut remplir sa Bouche de Paroles de Bénédictions en tout temps, à travers la Sanctification

Nos paroles ont-elles une origine ? Y-a-t-il un Génie du Seigneur, qui domine sur les Paroles qui sortent de nos Bouches ? ***Evangiles selon Luc 12 : 11-12** « 11 Quand on vous mènera devant les synagogues, les magistrats et les autorités, ne vous inquiétez pas de la manière dont vous vous défendrez ni de ce que vous direz ; 12 car le Saint-Esprit vous enseignera à l'heure même ce qu'il faudra dire ».* ***Evangile selon Luc 21 : 12-15** « Mais, avant tout cela, on mettra la main sur vous, et l'on vous persécutera ; on vous jettera en prison, on vous mènera devant des rois t devant des gouverneurs, à cause de mon nom. 13 Cela vous arrivera pour que vous serviez de témoignage. 14 Mettez-vous donc dans l'esprit de ne pas préméditer votre défense ; 15 car je vous donnerai une bouche et une sagesse à laquelle tous vos adversaires ne pourront résister ou contredire ».* Celui qui domine sur le vrai enseignement venant de Dieu, c'est le Saint-Esprit ; celui qui domine sur la Plus Grande Intelligence de Dieu, c'est le Saint-Esprit ; celui qui domine sur la Plus grande Sagesse de Dieu, c'est le Saint-Esprit ; celui qui domine sur la bouche de l'Homme, c'est Notre Seigneur Jésus-

Christ. On comprend donc aisément à travers ces deux passages de l'Evangile selon Luc, que seul un Saint, peut prendre le contrôle de ses Pensées. Lorsque nous achevons notre Sanctification, nous acquérons les Pensées du Saint-Esprit, nous sommes conduits par le Saint-Esprit, nos Paroles sont saintes et pures parce qu'elles proviennent du Saint-Esprit. Lorsque notre Corps Corruptible et Mortel est revêtu du Saint-Esprit, alors notre bouche sera pleine des Paroles de Bénédictions.

Comment utilisons-nous nos Bouches ? Nos Paroles sont-elles Sources de Bénédiction ou de Malédiction ? La Bouche, à vrai dire, ne doit dire que du Spirituel ! La marche chrétienne, est un choix, et ce choix nécessite l'Obéissance. Si Christ était venu pour sauver le Monde, celui qui veut suivre le Christ, doit Lui obéir et cette Obéissance passe par la compréhension de l'Evangile…l'un des premières choses, à surveiller, ce sont nos bouches. Par la bouche, nous communiquons avec les autres ; les messages, les mots, les propos qui sortent de nos bouches, sont les fruits de nos Pensées. Alors, si nous voulons avoir les Pensées de Dieu, nous devons travailler sur nos bouches, nos paroles, nos communications, nos actions (faits, gestes, sentiments, aspirations)…car, du moment où la bouche comprenne qu'elle ne doit dire que du Spirituel, la Pensée travaille en conséquence. La bouche de l'Homme, est faite pour le Spirituel, parler uniquement du Spirituel, des Lois, Statuts, Commandements, Ordonnances, Préceptes du Seigneur. Lorsque nous comprenons ceci, et que nous éduquons nos Bouches vers le Spirituel ; des signaux vont à l'Ame, qui va chercher des Pensées Spirituelles auprès de la Providence Divine.

Epître de l'Apôtre Paul aux Ephésiens 5 : 4 « Qu'on n'entende ni paroles déshonnêtes, ni propos insensés, ni plaisanteries, choses qui sont contraires à la bienséance ; qu'on entende plutôt des actions de grâces », il y a interdiction formelle, de n'émettre ni paroles déshonnêtes, ni propos insensés, ni plaisanteries - il faut que nous comprenons bien ceci ; la bouche n'est pas faite pour les paroles déshonnêtes, les propos insensés, les plaisanteries. Si la bouche doit dire quelque chose, ce sont des actions de grâces, des louanges, des bénédictions - ceci rejoint encore les commandements de l'Apôtre Paul dans Philippiens 4 : 8. Les Assemblées Chrétiennes sont aujourd'hui pleins de Croyants, mais quand certains parlent, leurs propos n'ont aucun lien avec le Christ. Il suffit qu'il y ait un petit problème, et un Croyant se transforme à un loup ravisseur. Pour certains, on est Croyant à l'Église, mais à la maison, on peut dire ce qu'on veut, dans la ville, on peut faire des discussions comme les autres. Je demande au lecteur de faire une pause de quelque minutes et de méditer sur ce verset de l'Apôtre Paul aux Ephésiens ; l'accession à la Sagesse d'en Haut, passe obligatoirement pour les descendants d'Adam, par le contrôle de la Bouche, des Paroles…Très souvent, nous aimons parler, nous aimons prendre part aux discussions, mais nous ignorons les effets des mots qui sont sortis de nos bouches ; nous ignorons ce que constituent ces mots. Chaque mot, est une Pensée, donc une Ame de Vie. A travers le mot qui sort d'une bouche, on peut reconnaître l'origine de la Pensée et l'origine de l'Ame. Quiconque accède à la pleine Connaissance de Dieu, reconnaîtra aisément d'où vient Jésus-Christ à travers ses paroles. Lorsque quelqu'un parle, on peut le connaître à travers ses paroles ; on peut connaître son origine. Jésus disait aux Juifs qui voulaient l'arrêter et le crucifier, que s'ils ne voulaient pas croire en lui, en personne comme le Messie venant de Dieu, qu'ils examinent bien ces Paroles, voir si elles sont des Paroles de Dieu ou pas ! ***Evangile selon Jean 8 : 14 « Jésus leur répondit : Quoique je rende témoignage de moi-même, mon témoignage est vrai, car je sais d'où je suis venu et où je vais ; mais vous, vous ne savez d'où je viens ni où je vais ».*** Les Paroles qui sortent fréquemment de nos Bouches, rendent témoignage de notre réelle identité, de notre origine ; on peut prévoir la fin de quelqu'un à travers ces Paroles. Nous avons donc obligation à faire à ce que, nos Paroles soient des Paroles de Bénédictions, en ayant au préalable des Pensées de Dieu. Lorsque nos Pensées sont identiques aux Pensées de Dieu, nos Paroles seront pleines d'Actions de Grâces, elles suivront les Voies de Dieu. Penser, se manifeste par parler ; ce qui sort fréquemment de la bouche de quelqu'un, décrit l'état de son Ame et donc de sa personnalité.

Première Epître de l'Apôtre Paul à Timothée 4 : 7-8 « Repousse les contes profanes et absurdes. Exerces-toi à la piété ; car l'exercice corporel est utile à peu de chose, tandis que la piété est utile à tout, ayant la promesse de la vie présente et de celle qui est à venir », non seulement nos bouches doivent dire des Actions de Grâces, des Bénédictions, mais nous devons éviter ceux qui parlent mal, qui disent des propos insensés, de plaisanteries, des contes profanes. Pourquoi ? Parce que les Paroles sont comme des Vibrations de Feu, des Entités Vitales, qui peuvent contaminer ou corrompre. Celui qui s'expose fréquemment aux contes profanes et absurdes, aux propos insensés, aux plaisanteries - qui sont « des pensées », sera affecté par « ses pensées », qui vont siéger dans son Ame, et modifier le cours de son existence. Il en va de même pour l'exposition aux médias et réseaux sociaux. Les films ou feuilletons de télévisions ou de nos smartphones que nous avons l'habitude de voir ; les jeux télévisées que nous avons l'habitude voir ; les sites internet que nous avons l'habitude de consulter ; les vidéos que nous avons l'habitude voir, les audio et les émissions radio que nous avons l'habitude d'écouter ; les livres, revues et magazines que nous avons l'habitude de lire ; les messages que nous avons l'habitude de lire sur internet, …de partager, « sont des pensées » qui se déposent dans nos Ames de Vie, et constituent notre Bagage Spirituel. En d'autres termes, un enfant peut venir dans ce Monde, avec des dons à émerger dans beaucoup de domaines ; mais une exposition prolongée aux médias, aux réseaux sociaux, peut le modifier, le corrompre et lui transformer à une autre personne. Les télévisions, les radios et les vidéos, sont exactement comme les contes profanes et absurdes, les propos insensés et plaisanteries auxquels nous participons ; ils agissent directement sur les Ames des gens. Tout comme on écoute attentivement une conte, un propos insensé, une plaisanterie ; que l'Ame va garder sous forme de Pensée ; c'est de la même manière que l'exposition aux films, créer des symboles (Pensées) qui sont imprimer sur l'Ame. On peut donc retarder l'évolution d'un peuple, en lui proposant des films télévisés, des feuilletons, des vidéos nuisibles pour l'Evolution des Ames de Vie des habitants ; donc pour son Développement Spirituel. Car plus les Ames s'intéressent à ces films et émissions radio, plus elles perdent tout sens de Développement Spirituel et donc de Développement Social. Les peuples qui ont de grands progrès sociaux, sont ceux qui ont un niveau de Développement Spirituel élevé. Ce qui confirme bien ma définition de la Pensée. Je définis la Pensée, comme étant une image, un symbole, une représentation visible ou invisible, sur laquelle l'on concentre ses sens physiques et spirituels, ou que l'on contemple régulièrement. Lorsque nous assistons à un conte, au départ nous assistons à quelque chose visiblement narrée, mais lorsqu'on quitte le lieu de la narration, l'Ame garde ce conte sous forme de résumé imagé, qui devient « une pensée » conservée dans celle-ci. Et ce conte (cette pensée), peut avoir des effets bénéfiques ou négatifs sur nous, selon la Nature de celle-ci : si elle appartient à la *Nature Inférieure Corporelle et Mortelle de l'Homme*, elle va le tirer vers le Monde d'en bas ; si elle appartient à la *Nature Supérieure Spirituelle et Immortelle*, elle va le tirer vers le Monde d'en Haut, vers Dieu. D'où viendra la libération de l'Ame des Pensées Mortelles ? Elle vient de la mise en pratique de la Piété. C'est-à-dire vivre chrétiennement. Lorsque nous décidons de vivre comme le Christ, d'imiter les Saints, de demeurer dans la Parole de Dieu, nous écartons toute inutilité et nous nous conformons aux Lois d'Harmonie de Dieu. L'Apôtre Paul indiquait que la Piété est utile à tout, elle nous permet de bénéficier des promesses d'une Vie de Paix, de Joie, de Santé, de Bonheur, ici-bas et des promesses dans le Royaume de Dieu. Pourquoi ? Tout simplement parce que, lorsque nous décidons de vivre en Piété, nous quitter les contes profanes et absurdes, les propos insensés, les plaisanteries, les films pornographiques, les films qui n'édifient pas l'Ame, les émissions radio et les vidéos immoraux qui font la guerre à l'Ame, qui ne prônent pas le Développement Spirituel de l'Ame ; et nous demeurons uniquement dans les Voies de Dieu.

Deuxième Epître de l'Apôtre Paul à Timothée 2 : 22-23 « Fuis les passions de la jeunesse, et recherche la justice, la foi, la charité, la paix, avec ceux qui invoquent le Seigneur d'un cœur pur. Repousse les discussions folles et inutiles, sachant qu'elles font naître des querelles », les effets des passions, et des discussions folles et inutiles sur l'Ame. Et la consigne de l'Apôtre Paul est claire : l'Homme Spirituel doit fuir toutes ces choses. Ce n'est point le moment de se rassembler pour parler des passions égotiques et chaotiques, des prétentions insupportables ; ce n'est point le moment de se rassembler pour des discussions folles et inutiles. Ce n'est point le moment des yeux loterie,… L'Homme du siècle présent, doit ouvrir les yeux et rechercher la Justice, la Foi, la Charité, la Paix, la Pureté,…Les passions aveugles et chaotiques, les prétentions insupportables font la guerre à l'Ame ; créant des besoins imaginaires, l'inquiétude de réaliser telle ou telle chose dans l'immédiat sinon, on sera privé de ceci ou cela. Les passions de la jeunesse font naître au sein de l'Ame, des inquiétudes qui dissocient les jeunes du Moment Présent, les transférant dans une vie

basée sur la poursuite du passé ou du futur. Si vous avez des amis ou connaissances qui jouent la loterie, je vous demande d'observer leur vie durant une année entière, et vous découvrirez quelque chose de surprenante chez ces derniers. « Ceux qui jouent la loterie pour gagner de l'argent, vivent dans un Monde totalement différent du Monde des Humains vivant sur cette Terre. Leur vie est spécialement orientée vers le Futur ! Un futur proche ou lointain selon leurs passions et convoitises. J'ai failli gagner ce vendredi à la loterie, j'ai joué tel numéro, on m'a fait juste un petit moins un (-1) ou plus un (+1) ; je gagnerai le Vendredi prochain sûrement. Le Vendredi prochain, les résultats sont totalement différents des attentes, on émet des espoirs sur le Vendredi sur prochain…et ainsi de suite. Et même s'il arrive qu'il gagne, l'argent gagné n'apporte pas de bons fruits dans sa vie puisqu'il provient de Mamon ; mais plutôt des soucis. Du coup ils passent Douze Mois dans ce cachot, dans cette prison spirituel, sans en rendre compte ; séparés de la vraie Vie. Leurs Ames, sont envahies par des Pensées Mortelles de Cupidités et de Convoitises Charnelles. Ils vivent presque séparés des autres. Ils ne sont jamais présents là où ils sont, sauf lorsqu'ils sont plongés dans la recherche des numéros. Leur environnement manque la vie, car leurs Pensées sont dans le Futur, ils ne s'intéressent pas à leur santé physique et spirituel. Pour eux, la vie se résume à l'argent et aux biens matériels ! Leurs Ames ont pris le Monde pour mari physique et spirituel ; ils aiment la loterie plus que rien au Monde. Leurs femmes, enfants, parents, n'ont pas leur Amour ; leur Amour se trouve dans le Monde, dans les jeux de loterie ; dans un futur imaginaire ; car leurs Pensées sont coupées des Pensées de Dieu, leurs Voies sont contraires aux Voies de Dieu. Leur fin est misérable, et honteux ! Ils laissent sur leurs enfants de l'opprobre ! ».
La plupart des querelles naissent des discussions folles et inutiles ; la tension monte vite lorsque durant ces discussions, on offense l'autre. Fuir ces choses, c'est comme Dieu envoya des Anges dire à Loth de fuir Gomorrhe, car, il allait détruire la ville ; nous devons fuir les passions aveugles et chaotiques, nous devons fuir les discussions folles et inutiles, nous devons fuir les convoitises charnelles, car si nous n'obéissons pas, elles nous détruiront. Elles nous détruiront car elles sont inutiles et vaines.

Epître de Jacques 3 : 10-12** « 10 De la même bouche sortent la bénédiction et la malédiction. Il ne faut pas, mes frères, qu'il en soit ainsi. 11 La source fait-elle jaillir par la même ouverture l'eau douce et l'eau amère ? 12 Un figuier, mes frères, peut-il produire des olives, ou une vigne des figues ? De l'eau salée ne peut pas non plus produire de l'eau douce ».* Les Pensées préexistent aux Paroles ; c'est ce que l'Homme pense régulièrement, qui sort de sa Bouche. Les Paroles sont comme des Entités Vivantes Energétiques de feu ; elles sont dues à une contemplation continuelle des Pensées précises, à une concentration continuelle des sens sur des Pensées précises (qui peuvent être des films télévisés, émissions radio, vidéos, des contes, scènes, évènements, faits sociaux, lieux, personnes, que nous voyons et fréquentons fréquemment). L'Esprit Humain, possède une Pompe Personnelle de Stockage de Pensées, qui capte, enregistre toutes nos Pensées en Bien ou en Mal ; et ce sont elles qui se manifestent au travers de nos Actions ou Paroles. L'Apôtre Jacques nous commandait de remplir nos Bouches uniquement que de Paroles de Bénédictions. Décider de n'émettre que des Paroles de Bénédiction, passe ainsi par la maitrise de ses Pensées ; l'Homme doit devenir l'auteur de ses propres Pensées, il doit décider quand les émettre, il doit décider de ce qu'il veut émettre comme Pensées. Nos Bouches doivent être des sources à Paroles de Bénédiction. Nous devons orienter nos Pensées vers des Choses de Bénédictions, nous devons capter tout ce qui apporte les Bénédictions et les emmagasiner dans notre Pompe de Stockage de Pensées ; ce qui fera que lorsque nous ouvrons nos Bouches, des Bénédictions vont sortir. Les Bénédictions sont comme des Vibrations d'Energies Vitales qui nous accompagnent…lorsque nos Pensées sont conformes aux Pensées de Dieu, ses Bénédictions de Paix, de Prospérité, de Bonheur, de Joie, de Santé, de Longévité, nous accompagnent. Les Pensées de Malédiction nous apportent des Malédictions et les Pensées de Bénédiction, nous apportent des Bénédictions. Lorsque Joseph a atteint cette Dimension d'Elévation Spirituelle, il était riche aux yeux de Dieu, tant bien même vendu comme esclave dans la maison de son maître Potiphar en Egypte. ***Genèse 39 : 2 « L'Eternel fut avec lui, et la prospérité l'accompagna ; il habitait dans la maison de son maître, l'Egyptien ». Joseph était accompagné par la Prospérité de l'Eternel, son Corps était ainsi entouré de Corps Subtils Magnétiques composés d'Eléments Vitaux Energétiques, qui constituent la Prospérité de l'Eternel. Les Bénédictions de l'Eternel ne sont pas nécessairement visibles pour nos sens physiques ; elles peuvent nous accompagner sans que nous ne nous en rendre pas compte. L'Humilité est la clef de cette démarche salvatrice ! L'Humilité permet d'entrer en intimité avec Dieu, l'Humilité transforme l'Homme Intérieur et le recréer à l'image de Dieu. L'Homme humble, découvre la Vérité sur son chemin. L'Homme humble, acquiert vite la Sanctification. Une vie pleine de Sainteté, d'Humilité et de Vérité permet à la Divinité de Christ de prendre place en nous, de nous habiter et de nous conduire ; ce qui se manifestera dans notre vie, par des Paroles de Bénédictions. Le Saint-Esprit est la Mère de la Communication, lorsque nous sommes remplis du Saint-Esprit, notre allocution change, et se conforme à celle des Saints. L'Homme suffisamment humble, parle peu ! L'Homme suffisamment humble, qui achève sa Sanctification ; arrive facilement à surveiller ses Pensées, à abandonner celles qui sont nuisibles, celles qui appartiennent à l'Inconscient Collectif et ses Lois de causes à effets, et à demeurer dans les Pensées du Saint-Esprit, qui donnent la Vie, la Joie, la Santé, la Paix, le Bonheur, le Succès, la Gloire, l'Avancement. Du moment où l'Homme arrive à prendre Conscience des effets de ses propres Pensées sur sa vie, il peut devenir l'auteur de celles-ci. Il peut décider d'émettre des Pensées de plus en plus en Harmonie avec les Lois et Hiérarchies Supérieures. ***Evangile selon Matthieu 13 : 12 « Car on donnera à celui qui a, et il sera dans l'abondance, mais à celui qui n'a pas on lui ôtera même ce qu'il a ».*** Si nous commençons par embrasser la route des Nourritures Spirituelles Pures (les Huit Pensées de Sanctification de l'Apôtre Paul-***Epître de l'Apôtre Paul aux Philippiens 4 : 8 « Au reste, frères, que tout ce qui est vrai, tout ce qui est honorable, tout ce qui***

est juste, tout ce qui est pur, tout ce qui est aimable, tout ce qui mérité l'approbation, ce qui est vertueux et digne de louange, soit l'objet de vos pensées », les Sept Vertus Spirituelles de la Sagesse d'en Haut de l'Apôtre Jacques-***Epître de Jacques 3 : 17-18* « *La sagesse d'en haut est premièrement pure, ensuite pacifique, modérée, conciliante, pleine de miséricorde et de bons fruits, exempte de duplicité, d'hypocrisie. Le fruit de la justice est semé dans la paix par ceux qui recherchent la paix* »),** Dieu nous en donnera encore et encore et encore, selon la capacité de nos Ames d'en recevoir. L'Apôtre Paul connaissait bien ce Précepte du Christ, qui est une Vérité Eternelle, c'est pourquoi il nous commandait de n'avoir que des Pensées Vraies, Honorables, Justes, Pures, Aimables, Qui Méritent l'Approbation, Vertueuses, Dignes de Louange…et chacun les recevra selon sa capacité à en demander au Seigneur.

Si Dieu est Amour Infini, pouvons-nous demeurer en Lui, sans cette Vertu Spirituelle qu'est l'Amour ? Quiconque désir d'avoir la Pensée de Christ, doit avant tout achever sa Sanctification ! Car, la Sanctification nous dépouille des voiles de Ténèbres, de Haine, de Division, de Rancune, les Péchés commis volontairement ou involontairement, les opprobres…Quiconque souhaite avoir en tout temps des Pensées de Dieu, doit se sanctifier et demeurer dans la Piété. La Sanctification passe ainsi par l'Amour de Dieu, l'Amour du soi-même et l'Amour des autres. Lorsque nous demeurons dans l'Amour de Dieu, nos Pensées seront orientées vers ses Lois, Statuts, Commandements, Ordonnances et Préceptes. Si nous voulons émettre des Pensées, elles seront conformes aux Lois d'Harmonie de Dieu. Nous connaîtrons une Bonne Santé et une Paix Durable parce que nous marchons avec Dieu ; notre vie suit les traces de Dieu. Beaucoup ignore ceci ! Est-ce que nous demeurons suffisamment dans la Parole de Dieu ? Demeurer dans la Parole, nous permet de découvrir les Lois, Statuts, Commandements, Ordonnances et Préceptes qui vont demeurer dans nos Ames de Vie. Méditer en tout temps la Parole de Dieu, créer en nous les Pensées de Dieu ; puisque la Méditation créer en nous des images, symboles, scènes, événements, voies, représentations de Dieu ; ceux-ci nous sanctifient, et nous transforment en de nouvelles créatures. Les choses que nous regardons, les choses que nous pensons sans cesse, les situations que nous vivons tous les jours, constituent notre Ame ; elles nous accompagnent aux siècles des siècles. L'Ame de l'Homme dicte sa Naissance, sa Jeunesse, sa Vieillesse et sa Mort. La Double Nature de l'Homme lui fera soit subir son Ame en Bien selon qu'il demeure dans la Loi de l'Esprit de Vie qui est en Jésus-Christ ou en Mal, selon qu'il vit dans la Loi du Péché et de la Mort. Décider d'avoir les Pensées de Dieu, fera d'énormes Bien à l'Homme sur le Plan Corporel et Spirituel. Car, la reconquête des Pensées de Dieu, nous amènent vers Dieu, nous aident à accéder à la Plénitude de la Divinité de Dieu. En orientant toutes nos réflexions, analyses, discussions, contes, vers des Pensées de Dieu, nous dépouillons automatiquement notre Ame des Affections de la Chair, ce qui nous permet d'accéder à notre Divinité, notre Véritable Nature. C'est pourquoi les conseils de l'Apôtre Paul, au jeune pasteur Timothée nous seront très utiles si nous avons la Bonne Volonté d'avoir les Pensées de

Dieu. Nous devons fuir la Haine, la Jalousie, la Trahison, l'Hypocrisie, la Division, la Querelle, le Mécontentement, l'Avarice, l'Egocentrisme, l'Intérêt, et les choses semblables ; qui sont du Premier Homme Adam et qui nous amèneront en Perdition et en Condamnation. Nous devons remplir nos Pensées des Facultés d'une Vie Aimable, comme l'Amour, la Charité, la Bienveillance, la Bonté, la Communion Fraternelle. Premièrement, l'Homme doit commencer par donner de la valeur à ses Pensées ; à ne pas les émettre n'importe quand et comment ; mais à les considérer comme étant des Eléments Vitaux Energétiques, de Puissantes Nourritures Spirituelles dont se nourrisse son Ame. La Parole de Dieu nous recommande de nous aimer les uns les autres ; elle nous recommande d'aimer Dieu de tout notre Cœur, de toute notre Ame et de toute notre Force. Si nous émettons des Pensées Mortelles, c'est que nous sommes manipulés par les Actions de nos Corps. Ce que nous donnons aux autres, nous revienne ; si nous pratiquons l'Amour, la Charité, la Bienveillance, la Bonté, l'Unité, notre Ame sera en conformité avec celle de la Providence Divine, ce qui se manifestera dans notre vie par la Paix, l'Harmonie, la Joie et le Bonheur.

...§...

Cantique Spirituel

POUR UNE VIE HARMONIEUSE
(For a Harmonious Life)

1. Seigneur, ton Nom est la Paix et la Sureté de mon Ame !
Seigneur, je connais maintenant ton Nom et mon Ame est libérée !
Seigneur, ta Prospérité m'accompagne, à cause de ton Nom !

2. Autrefois, je vivais selon les Désirs de ma Chair !
Autrefois, j'étais animé d'ardeurs cupides, de convoitises et passions aveugles !
Autrefois, ma vie est pleine d'inquiétudes, et de prétentions insupportables !

3. Aujourd'hui, ton Evangile, m'a transformé en une Nouvelle Créature !
Aujourd'hui, ta Sagesse, m'a régénérée pour une vie harmonieuse !
Aujourd'hui, mon Espérance est désormais Vivante, à cause de ton Nom !

4. Seigneur, que mon Ame soit attachée à toi, dès maintenant et pour toujours !
Seigneur, que mes Pensées demeurent en toi, dès maintenant et pour toujours !
Seigneur, que ma vie soit en communion avec toi, dès maintenant et pour toujours !

POUR UNE VIE HARMONIEUSE
(For a Harmonious Life)

...§...

§

LE POUVOIR DES MOTS

Evangile selon Matthieu 8 : 8

« Le centenier répondit : Seigneur, je ne suis pas digne que tu entres sous mon toit ; mais dis seulement un mot, et mon serviteur sera guéri »

Chaque mot, est une Ame, un Elément vital Energétique, une Nourriture Spirituelle de l'Ame ; il a une Fréquence Vibratoire, une ipséité propre, qui lui confère un Pouvoir en Bien ou en Mal. Dans ce passage de Saint Matthieu, nous assistons à ce que j'appelle « le Pouvoir Miracle et Divin d'un Mot ». Le Mot, est doté de pouvoir extraordinaire. Les Pensées de Dieu sont constituées d'un ensemble de Mots qui le définissent, auxquels il est lui-même soumis ; et auxquels il appelle l'humanité entière à se soumettre pour une Vie Harmonieuse et Equilibrée. A travers « un Mot », on peut apporter la Joie et la Paix dans la vie d'un être cher. Quelqu'un qui est découragé par les problèmes de la vie ; lorsqu'on lui adresse un mot de Gratitude, de Félicité, d'Allégresse, il sourit et s'il adhère totalement à ce qu'on lui dit, il peut trouver Réconfort et Force nécessaire pour surmonter ses problèmes. Chaque Mot ou chaque Nom est doté, d'un Pouvoir Miracle et Divin, le connaître, permet de l'utiliser pour sa bonne cause. On peut ainsi guérir, un malade, si on connaît le Pouvoir Divin d'un Mot. « ***mais dis seulement un mot, et mon serviteur sera guéri*** », le centenier demandait à Jésus-Christ de dire seulement un mot, et son serviteur sera guéri ; c'est ici le Pouvoir du Mot. Les Paroles qui sortent de nos bouches, sont un ensemble de mots, et ces dernières peuvent nous faire du Bien ou du Mal selon leur Nature Spirituelle. Si grâce à un Mot, on peut trouver la guérison d'une maladie de paralysie, c'est que par le Mot, on peut subir souffrance, malheur, dépression, révolte, guerre, division, …Beaucoup de Témoins Messagers de Dieu, avaient connus le Pouvoir des Mots, et l'avaient utilisé pour une Bonne Œuvre : *1° Josué devrait ordonner au Soleil de s'arrêter sur Gabaon, et à la Lune de s'arrêter sur la vallée d'Ajalon, et cela s'était passé, pour presque un jour ; 2° Pour ressusciter Lazare, enterré depuis quatre jour ; le Seigneur devrait utiliser seulement deux (02) mots : « Lazare, sors ! », et Lazare sorti du tombeau vivant ; 3° Pour guérir un sourd-muet, le Seigneur devrait dire : « Ephphatha » et il fut guéri.* La Sagesse exige donc une bonne utilisation de notre bouche : ne pas parler parce qu'il faut parler ; mais parce que ce qui va sortir est utile pour édifier. Et nous ne devons pas minimiser les mots que nous utilisons durant nos Prières ; car elles donneront certainement leurs effets. J'avais donné quelques exemples de faits réels dans ce livre concernant, les effets des Paroles sur les Humains ; par elles beaucoup se sont attirés des Malédictions sur eux-mêmes. Lorsque quelqu'un vit dans une situation difficile, et souhaite en sortir, il ne devrait plus ajouter des Mots de Malédictions comme Echec, Malheur, Peur, Crainte, Déception, Trahison, Rancune, Haine, Trouble, Désordre, Suicide, Meurtre, Corruption, Impureté, Angoisse, Cupidité, Manque,

Insuffisance… ; il doit au contraire inondée sa vie de Mots de Bénédictions comme Succès, Bonheur, Félicité, Charité, Amour, Paix, Ordre, Equilibre, Harmonie, Vie, Pureté, Joie, Gratitude, Abondance…

Comme j'avais définis la Pensée, comme étant une image, un symbole, une représentation visible ou invisible, sur laquelle l'on concentre ses sens physiques et spirituels, ou que l'on contemple régulièrement. J'avais également dit que les Pensées sont comme des images, des symboles, des dessins, des traits, des nombres, des lettres, des mots, des représentations, des figures qui expriment quelque chose. Et ces mots peuvent ainsi nous apporter du Bien ou du Mal selon ceux qui abondent dans nos Pensées. Si nos Pensées sont pleine de Mots de méchanceté, de trahison, de haine, d'impureté, de mensonge, de vol, de masturbation, d'idolâtrie, de cupidité – ce sont ces mêmes mots qui définisseront notre personnalité ; puisque l'Homme est comme la Pensée de son Ame. Et cette Pensée n'est qu'un ensemble de mots. L'Homme a donc intérêt, à faire attention à ce qui sort de sa bouche, il doit donc surveiller ses Paroles, s'il veut devenir un Sage. Ceci nécessite la pratique de la Prudence si nous voulons prendre le contrôle de notre Potentiel Intérieur. Sinon, nous serons manipulés par des gens qui savent ceci ! « Il y a beaucoup de maris qui rapportent ceci sur leurs femmes : elle se fait de soucis pour de simple chose. Ce matin, je lui avais dit juste ce mot, et elle a changé de mine à mon égard ; elle refuse de parler ou de faire ceci ou cela…Elle est toujours comme ça ! Le soir, en rentrant à la maison, je dois lui apporter un petit cadeau pour lui redonner du sourire ». Ceci n'est pas du tout bien. Lorsque quelqu'un vous connaisse ainsi, s'il a de mauvaises intentions, surtout s'il n'est pas un Disciple de Christ, il peut vous abuser spirituellement. A quoi faisant ? Il y a des gens qui utilisent ces genres de techniques qui leur permettre de se nourrir des Energies des autres. Ils créent une situation qui vous obligent, à ne parler que d'eux, à orienter toute votre attention sur eux, et au lieu « d'aimer Dieu de tout votre Cœur, de toute votre Ame et de toute votre Force », vous allez utiliser toute votre Cœur, Ame et Force pour ne parler que de ces derniers, ils profitent ainsi de vous, vous êtes en train de décharger toute votre attention vers eux, toute votre Vibration Énergétique est orientée sur eux ; à la fin, vous allez vous épuiser, devenir aride comme une terre qui manque d'eau de Vie. Vous pouvez même attraper une maladie incurable et mourir précocement ! Beaucoup de jeunes filles victimes de déception amoureuse, n'ont pas vite compris ce que s'est ; elles se sont plongées dans des vagues de Pensées Mortelles, de déception, de culpabilité, de haine, de rancune, de mécontentement, de mépris ; tout ceci créer au sein d'elles des malaises et troubles du métabolisme général, avec comme conséquences des suicides ou des maladies difficiles à guérir, jusqu'à les emporter très tôt. Tout ceci nous interpelle aussi à ne pas vouloir nous immiscer dans les problèmes d'autrui : dans des commérages, dans les discussions vaines, des contes profanes, des débats philosophiques, des débats politiques…Etant dans cette société, nous pouvons les écouter à la radio, à la télé, les lire dans des journaux ; mais faire de ces choses notre pain quotidien, notre terrain de jeu favori, notre style de vie, nos préoccupations quotidiennes ; elles risqueront de nous définir tôt ou tard et nous condamneront à les subir. Certains médias ou réseaux sociaux sont spécialement conçus pour ces rôles : susciter des débats ou des émissions spécifiques afin d'attirer l'attention de beaucoup de personnes vers eux ; les populations qui prennent plaisir dans ces émissions à longueur de journée sont comme mis sous tranquillisants ; elles oublient presque l'essentiel de la vie, le But Ultime de notre venue sur Terre et se nourrissent de ces émissions qui ne leurs apportent au fait grande chose. Et si nous avons des enfants, nous devons commencer par leurs donner la Bonne Education depuis leur petite enfance ! Leur apprendre l'importance des réseaux sociaux et des médias : et la bonne utilisation de ces derniers. Nous devons les apprendre l'importance des Mots et des Pensées, leurs effets sur l'Homme Intérieur, et leur commandez de demeurer toujours dans les Saintes Ecritures ; de puiser leur Développement Spirituel dans celles-ci. Dès l'enfance, nous pouvons leur aider à orienter toujours leurs Pensées vers les Nourritures Spirituelles Pures qui sont les Huit Pensées de Sanctification de l'Apôtre Paul-***Epître de l'Apôtre Paul aux Philippiens 4 : 8 « Au reste, frères, que tout ce qui est vrai, tout ce qui est honorable, tout ce qui est juste, tout ce qui est pur, tout ce qui est aimable, tout ce qui mérité l'approbation, ce qui est vertueux et digne de louange, soit l'objet de vos pensées »***, et les Sept Vertus Spirituelles de la Sagesse d'en Haut de l'Apôtre Jacques-***Epître de Jacques 3 : 17-18 « La sagesse d'en haut est premièrement pure, ensuite pacifique, modérée, conciliante, pleine de miséricorde et de bons fruits, exempte de duplicité, d'hypocrisie. Le fruit de la justice est semé dans la paix par ceux qui recherchent la paix »***).

Beaucoup, de parents avaient raté l'éduction de leurs enfants, en insultant devant eux leurs proches, leurs colocataires depuis le bas âge ; les enfants grandissent en copiant leurs parents considérant que les insultes sont une bonne chose. Les Mots ont un Pouvoir, une Puissance ; nous devons les utiliser avec connaissance de cause. A travers une mauvaise utilisation des mots, nous créons des contradictions dans notre Homme Intérieur. Du moment où de la même bouche sorte des mots de Gratitude, de Bonté, d'Espérance Vivante et des mots de Haine, de Manque, de Désespoir ; il y a contradictions : et ces contradictions se manifesteront dans nos rencontres, faits, expériences que nous vivons ! Inonder son Ame, des mots comme Manque, Désespoir et Haine ; et les dire fréquemment, les penser fréquemment ; c'est leurs donner de l'Energie de se manifester. De la même manière, inonder son Ame des mots comme Bienveillance, Bonté, Paix, Charité ; et les dire fréquemment, les penser fréquemment ; c'est leurs donner de l'Energie de se manifester. Les uns attireront dans nos vies leurs ipséités avec comme fruits les soucis, les haines, les mépris, et les choses semblables ; les autres attireront dans nos vies leurs ipséités avec comme fruits le Bonheur, la Grâce Divine, la Miséricorde Divine, la Joie, la Santé et les choses semblables. ***Epître de l'Apôtre Jacques 1 : 26 « Si quelqu'un croit être religieux, sans tenir sa langue en bride, mais en trompant son cœur, la religion de cet homme est vaine ».*** Nous avons donc le choix : soit être un Homme Vain, c'est-à-dire quelqu'un qui vit dans une

Assemblée Chrétienne, et pourtant, inonde sa vie des mots de la Nature Inférieure comme « Inquiétude, Mépris, Haine, Jalousie, Hypocrisie, Cupidité, Envie, Egoïsme, Intérêt, Corruption, Mécontentement, Culpabilité, Angoisse, Peur, Crainte, Mensonge, Vol, Fraude, Manque, Insuffisance, Dette, Impureté, Idolâtrie, Masturbation, Pornographie, Inceste, Vengeance, Murmure, Rancune, Colère, Révolte, Rébellion, Secte,… », ou soit être un Homme Spirituel, c'est-à-dire quelqu'un qui vit dans une Assemblée Chrétienne, et inonde sa vie des Nourritures Spirituelles Pures à travers la Méditation Jour et Nuit des Huit Pensées de Sanctification de l'Apôtre Paul et des Sept Vertus Spirituelles de la Sagesse d'en Haut de l'Apôtre Jacques.

Beaucoup de Croyants ont aujourd'hui une Religion Vaine, tout simplement parce qu'ils vivent en contradiction avec la Parole de Dieu ; leur vie physique ressemble à des Chrétiens : ils sont présents à l'Eglise, ils participent au programme de l'Eglise ; mais les mots qui sortent de leurs bouches sont opposés aux sentiments de Christ. Ce qui sort de leur bouche n'a rien de comparable à la vie de quelqu'un qui est né de nouveau ; aux facultés d'une vie religieuse pieuse. Au fait le réel problème, c'est qu'ils ne sont pas sauvés par l'Evangile de Christ ; ils ne sont pas encore devenus des Nouvelles Créatures ; les choses anciennes les commandent toujours dans l'Inconscience, dans l'Ignorance, dans leur Nudité Spirituelle.

Les quatre tableaux que vous verrez dans ce livre ***(Page 79, 80),*** vous donneront une bonne compréhension des effets des Pensées et donc des Mots sur la Vie des Etres Humains. Ce que le Seigneur Jésus-Christ veut, c'est que nous soyons ses imitateurs ; faisons de notre mieux d'être de vrais adorateurs pour Christ ; des frères et sœurs qui adorent en Esprit et en Vérité. Quittons tous les mots qui sont nuisibles, qui incarnent de la Malédiction et inondons nos Cœurs des mots qui incarnent de la Bénédiction ; nous aurons ainsi une Pensée Purifiée, une Parole Douce, qui édifie, qui vivifie, qui bénie des gens. Nous serons ainsi, une Source de Bénédiction pour nous-même, pour notre famille, pour notre communauté, et pour notre pays. Arrêtez de penser au pire, au mal, à l'échec, au manque, au désespoir, n'appuyez plus sur ces boutons ; mais orientez votre vie vers tout ce qui est vrai, tout est honorable, tout ce qui est juste, tout ce qui est aimable, tout ce qui mérite l'approbation, tout ce qui est vertueux, tout est digne de louange ; et le Dieu de Paix sera avec vous !

§

LES CAUSES DU VIEILLISSEMENT PRECOCE, DE LA MALADIE ET DE LA MORT.

Aux jours de Noé, les gens vivaient très longtemps, mais de nos jours, tel n'est plus le cas ; pourquoi ? Pourquoi l'espérance de vie des êtres humains est très réduite de nos jours ? Pourquoi il y a tant de maladies de nos jours ? Les Pensées de l'Homme ont-elles une influence sur sa Santé en Bien ou en Mal ?

a- Les effets des pensées et des voies de l'Homme Charnel sur sa Santé.

***Ésaïe 55 : 8-9** « Car mes pensées ne sont pas vos pensées, et vos voies ne sont pas mes voies, dit l'Eternel. 9 Autant les cieux sont élevés au-dessus de la terre, autant mes voies sont élevées au-dessus de vos voies et mes pensées au-dessus de vos pensées ».* Si la Vie Eternelle, consiste à connaître Dieu, alors elle passe par l'abandon des Pensées de l'Homme Charnel et la reconquête des Pensées de Dieu. Nous pouvons vite apercevoir dans ce verset du Prophète Ésaïe, que les Pensées nous dictent des voies à suivre. Le cheminement des Ames de Vie dans cette Sphère Temporelle et Mortelle, est influencé par le niveau de Pensées que chacune aurait accumulé en Bien et en Mal. Plus les Pensées de l'Homme né dans ce Monde sont proches de Dieu, plus sa vie connaîtra Ordre, Equilibre et Harmonie ; et moins ces Pensées sont loin de Dieu, plus sa vie connaîtra du Désordre, des Inquiétudes. Comparativement aux Pensées de l'Homme Charnel qui sont dans *la Dimension Terrestre, Corporelle, Mortelle* de l'intellect raisonneur des sens physiques, de l'Inconscient Collectif et ses Lois de causes à effets ; les Pensées de Dieu sont dans *la Dimension Céleste, Spirituelle, Immortelle* de la Conscience Universelle de la Nature Divine. Il y a notion de différents Cieux, de différentes Sphères, de différentes Demeures, de différentes Matrices, de différentes Voies qui quittent la Terre jusqu'à Dieu ; et au fur et à mesure que l'Homme s'élève vers son Créateur, ses Pensées seront de plus en plus homogènes, compatibles avec les Pensées du Père, jusqu'à les posséder totalement. Il y a également notion de différentes Pensées Divines c'est-à-dire des Lois, des Hiérarchies Supérieures, des Puissantes Nourritures Spirituelles, des Eléments Vitaux Energétiques, qui quittent la Terre jusqu'à Dieu ; dont la connaissance de l'ensemble est Dieu. Le problème de l'Homme né dans cette Sphère Temporelle et Mortelle, est qu'il considère d'emblée ici comme sa destination finale ; alors que la Terre n'est qu'une Sphère parmi les nombreuses Sphères de Dieu. Du moment où l'Homme considère ici-bas comme sa Terre de destination finale, il ne peut plus faire d'efforts spirituels pour vite quitter. L'Homme pense que sa réussite se mesure à ses réalisations, à ses biens matériels, à ses richesses…il prend cette Terre comme étant la finalité de sa vie. Il oublie qu'il avait quitté différentes matrices depuis la création, en passant par la matrice du liquide amniotique de sa mère, avant de naître dans cette Sphère Temporelle et Mortelle. Il oublie qu'il a encore de nombreuses matrices à traverser jusqu'à retrouver sa Divinité, son Dieu. Alors le vieillissement précoce advient, quand l'Homme considère la Terre comme sa destination finale, ignorant d'où il vient et où il va, et se plonge dans ses propres Pensées qui sont contraires aux Pensées de Dieu. L'Homme va commencer par adorer ses propres Volontés et Pensées, courir derrière les convoitises et ardeurs cupides de ses Volontés et Pensées qui sont Terrestres et Périssables. Petit à petit, ses propres Volontés et Pensées vont le plonger dans des inquiétudes. ***Première Epître de l'Apôtre Pierre 2 : 11* « *Bien-aimés, je vous exhorte, comme étrangers et voyageurs sur la terre, à vous abstenir des convoitises charnelles qui font la guerre à l'âme* »**. Ceux qui sont gouvernés par leurs propres Pensées, ignorent d'où ils étaient venus, et d'où ils vont ; ils ignorent les Pensées Eternelles de Dieu et s'attachent à leurs propres Pensées, qui les attirent vers le Monde d'en Bas, qui les attachent aux convoitises charnelles, passions aveugles et chaotiques, désirs insupportables, inquiétudes. Quel est le secret ? Le secret, c'est que l'Homme est un étranger et un voyageur ici-bas. S'il l'ignore, ses Pensées Temporelles, le condamneraient dans la Loi du Péché et de la Mort, l'amèneraient en Perdition, le condamneraient au Jugement Dernier. C'est quoi le réveil spirituel ? Le réveil spirituel, consiste pour l'Homme, à prendre Conscience de son Ame, comme étant en pèlerinage vers Dieu ; à abandonner ses propres Pensées qui sont Corporelles et Périssables, et à demeurer dans les Pensées et la Volonté de Dieu, pour sa Rédemption Spirituelle.

b- Les effets des Inquiétudes sur la Santé de l'Homme Charnel

Evangile selon Matthieu 6 : 25-34

« 25 C'est pourquoi je vous dis : Ne vous inquiétez pas pour votre vie de ce que vous mangerez, ni pour votre corps, de quoi vous serez vêtus. La vie n'est-elle pas plus que la nourriture, et le corps plus que le vêtement ? 26 Regardez les oiseaux du ciel : ils ne sèment ni ne moissonnent, et ils n'amassent rien dans des greniers ; et votre Père céleste les nourrit. Ne valez-vous pas beaucoup plus qu'eux ? 27 Qui de vous, par ses inquiétudes, peut ajouter une coudée à la durée de sa vie ? 28 Et pourquoi vous inquiéter au sujet du vêtement ? Considérez comment croissent les lis des champs : ils ne travaillent ni ne filent ; 29 cependant je vous dis que Salomon même, dans toute sa gloire, n'a pas été vêtu comme l'un d'eux. 30 Si Dieu revêt ainsi l'herbe des champs, qui existe aujourd'hui et qui demain sera jetée au four, ne vous vêtira-t-il pas à plus forte raison, gens de peu de foi ? 31 Ne vous inquiétez donc point, et ne dites pas : Que mangerons-nous ? Que boirons-nous ? De quoi serons-nous vêtus ? 32 Car toutes ces choses, ce sont les païens qui les recherchent. Votre Père céleste sait que vous en avez besoin. 33 Cherchez premièrement le royaume et la justice de Dieu ; et toutes ces choses vous seront données par-dessus. 34 Ne vous inquiétez donc pas du lendemain ; car le lendemain aura soin de lui-même. A chaque jour suffit sa peine »

« C'est pourquoi je vous dis », ce trope indiquait un Ordre, un Commandement, un Conseil à prendre au sérieux, à mettre en application immédiate. Tout l'Evangile de Jésus-Christ, nous amène vers le Père Céleste. Il expose les Lois d'Harmonie Divine qui existe entre le Monde d'en Bas et le Monde d'en Haut. Il nous montre la vie authentique que nous devons vivre ici-bas afin d'être compatible avec le Royaume de Dieu et de pouvoir y entrer. Les Hommes n'ont pas compris qu'ils sont sur une Terre d'exil. Les Hommes n'ont pas compris leur Véritable Nature ; qu'ils sont faits de Chair, d'Ame et d'Esprit. Les Hommes n'ont pas compris que la Chair et le Sang, n'ont pas accès dans le Royaume de Dieu. Les Hommes n'ont pas compris que pour retourner vers le Pasteur et Gardien des Ames, ils doivent naître de nouveau ; c'est-à-dire revêtir la Chair par le Saint-Esprit et donner toute la place à l'Ame et l'Esprit ; c'est-à-dire vivre selon l'Homme Intérieur, le Sans Forme Céleste. ***Première Epître de l'Apôtre Paul aux Corinthiens 15 : 50*** ***« Ce que je dis, frères, c'est que la chair et le sang, ne peuvent hériter le royaume de Dieu, et que la corruption n'hérite pas l'incorruptibilité ».*** Je demande aux lecteurs qui souhaitent avoir part à l'Héritage du Royaume de Dieu, de commencer par abandonner les voluptés de la Chair, les Actions du Corps ; d'abandonner les ardeurs cupides (envies, intérêts, égoïsmes), d'arrêter de se plonger dans les plaisirs et passions aveugles et chaotiques, d'arrêter le culte des idoles, …Je demande aux lecteurs de chercher à connaître le But Ultime à viser dans cette Sphère Temporelle et Mortelle. Je demande aux lecteurs de comprendre que la Rédemption Spirituelle, consiste à laisser l'Homme Intérieur prendre la place de l'Homme Extérieur, le Sans Forme Céleste prendre la place de la Forme Terrestre. Je demande aux lecteurs de comprendre que nos Pensées Terrestres Charnelles nous attirent toujours vers le Monde d'en Bas, et qu'il est donc important pour nous d'acquérir les Pensées Célestes de Dieu, afin d'accéder au Monde d'en Haut. Je demande aux lecteurs de comprendre que les évènements des temps présents, nous montrent déjà les Paroles du Christ concernant la Fin du Monde ! Nous sommes dans les moments des séductions des faux prophètes et faux Christs, nous sommes dans les moments des Antéchrists ; donc vigilance des Croyants du Royaume de Dieu ! Je lance un appel pressant aux lecteurs de persévérer dans la Bonne Foi et la Connaissance de Dieu, pour avoir la Vie Eternelle !

« Ne vous inquiétez pas pour votre vie de ce que vous mangerez, ni pour votre corps, de quoi vous serez vêtus », qu'appelle-t-on l'inquiétude ? L'inquiétude est un état déterminé par l'attente d'un événement, une insatisfaction de l'Esprit de l'Homme qui est tourmenté, c'est la crainte devant un danger qui peut être imaginaire ou réel. L'Homme inquiet, imagine des choses sans cesse ! L'Homme inquiet, fait souvent des spéculations, émet des jugements sur sa vie, sur les autres, sur les situations, se préoccupe constamment des choses qui sont vaines pour la Paix de l'Ame, et donc pour le Salut *(1° Où trouver à manger, 2° Où trouver des vêtements, 3° Quand achèterai-je ceci ou cela ? 4° Quand j'aurai ceci ou que je serai libéré de cela, alors je serai bien,*

5° Quand je vais réaliser tel projet, alors ma situation sera meilleure, alors je serai libre). Et le plus souvent, tout ce qu'il énonce, ne correspond pas automatiquement à la Situation dans laquelle il se trouve dans le Moment Présent. L'Homme pense, que sa situation actuelle est trop précaire, insupportable pour lui, il pense que son passé est trop sombre pour lui et imagine et rejoue d'éventuelles situations futures. C'est ça l'inquiétude. Dans ce trope, Notre Seigneur Jésus-Christ, donne la liste des éléments pour lesquels l'on est inquiet. L'Homme est inquiet pour deux raisons : *1° pour sa Vie, de ce qu'il va manger ; 2° pour son Corps, de ce qu'il va se vêtir.* Lorsque l'Homme vit au dépend de ses propres Pensées, lorsque l'Homme est contrôlé par ses propres Pensées ; il est préoccupé pour deux choses : sa Vie, de ce qu'il va manger et son Corps, de ce qu'il va se vêtir.

« La vie n'est-elle pas plus que la nourriture, et le corps plus que le vêtement ? », ce trope, indiquait une question d'Eveil Spirituel. L'Homme pense que sa Vie se limite à nourrir son Corps de Nourriture Charnelle, il pense que son Corps se limite à un Vêtement Charnel ; mais le Seigneur nous indiquait que la Vie dépasse cette Nourriture Charnelle, et que le Corps dépasse ce Vêtement Charnel. De la même manière que nous considérons très souvent ici-bas comme notre Terre de Destination Finale, en nous préoccupant de nous approprier des biens de ce Monde, le Seigneur, nous demandait d'élever nos Esprits et nos Pensées au-delà de cela. La Vie qui est auprès du Père, est plus que la nourriture et le vêtement, et c'est cette Vie que le Seigneur nous appelle à découvrir. Chercher cette Vie, la trouver, et demeurer en tout temps dans celle-ci, c'est ça l'Illumination Christique ! Le Seigneur écarte ainsi du vrai Bonheur, de la vraie Paix, toute idée de biens terrestres, temporels et périssables. La Vie qui est auprès du Père, la Vie des Sacrificateurs de Dieu (les Prophètes de l'Ancien Testament, les Apôtres du Nouveau Testament), dépasse toute considération faite à la Nourriture Terrestre et au Vêtement Charnel. Alors que les principales causes des guerres, des conflits et rivalités proviennent des biens terrestres de ce Monde (*Nourriture Charnelle* : aliments, repas, argent, richesse, minerais et réserves de pétrole… ; *Vêtement Charnel* : réalisation matériels, maisons, voitures, avions, motos, vélos, habits, …), le Seigneur nous indiquait que la Vraie Vie, dépasse cette Dimension Temporelle de nos Pensées. Il admît quand même que la Vie Terrestre a besoin de Nourriture Terrestre et de Vêtement Terrestre, mais en réalité, cette Nourriture et ce Vêtement Terrestres, ne sont qu'une infime partie de l'iceberg. En d'autres termes, nous avions besoin de Nourriture (repas, aliments) pour le bon fonctionnement de notre organisme, mais en réalité, il y a une Nourriture Céleste qui dépasse cette Nourriture Charnelle ; nous avions besoin de Vêtements (habits, pantalons, chemises, vestes, robes, pagnes, perles, chaussures,…) pour nous vêtir, nous protéger, mais il y a un Vêtement Céleste qui dépasse ce Vêtement Charnel.

...§...

Cantique Spirituel

LES PENSEES DU SEIGNEUR
(The Thoughts of the Lord)

1. Tes Pensées méritent Contemplation, O Seigneur !
Tes Pensées méritent Approbation, O Seigneur !
Tes Pensées méritent Honneur et Gloire, O Seigneur !

Refrain :
Seigneur, j'abandonne mes Anciennes Pensées à Toi !
Seigneur, je veux acquérir Tes Pensées Eternelles ! (Bis)

2. Tes Pensées sont Dignes de Louange, O Seigneur !
Tes Pensées sont Aimables, O Seigneur !
Tes Pensées sont Vraies, O Seigneur !

3. Tes Pensées sont Pures, O Seigneur !
Tes Pensées sont Justes, O Seigneur !
Tes Pensées sont Vertueuses, O Seigneur !

LES PENSEES DU SEIGNEUR
(The Thoughts of the Lord)

...§...

§

LES CAUSES DES GUERRES, DES LUTTES, DES QUERELLES ET DES CORRUPTIONS

Epître de l'Apôtre Jacques 3 : 1
« D'où viennent les luttes, et d'où viennent les querelles parmi vous ? N'est-ce pas de vos passions qui combattent dans vos membres ? »

Si les guerres, les luttes, les querelles et les corruptions surabondent dans notre Monde, c'est le manque de Discernement, c'est que les Hommes sont en train de s'entretuer petit-à-petit avec leurs propres Volontés et Pensées Charnelles. Les Pensées de l'Homme Charnel, sont du domaine des ardeurs cupides (envies, intérêts, égoïsmes), le Principe Tentateur du Mal. Lorsque l'Homme oublie ou ignore sa Véritable Nature Céleste, et prend sa Nature Corporelle comme étant sa Terre Promise, il est perdu ; et il sera attiré par les attractions de ses propres Pensées Aveugles et Chaotiques. D'où viennent les guerres ? D'où viennent les conflits ? D'où viennent les corruptions ? D'où viennent les rebellions ? Les causes profondes de tout ceci, est dans les Pensées des Hommes qui sont contraires aux Pensées de Dieu. Les origines des guerres, luttes, querelles, corruptions, rebellions, sont les ardeurs cupides (envies, intérêts, égoïsmes) qui se trouvent au fond de l'Ame des gens que Dieu avait créé à son image ! ***2 Pierre 1 : 3-4** « 3 Comme sa divine puissance nous a donné tout ce qui contribue à la vie et à la piété, au moyen de la connaissance de celui qui nous a appelés par sa propre gloire et par sa vertu, 4 lesquelles nous assurent de sa part les plus grandes et les plus précieuses promesses, afin que par elles vous deveniez participants de la nature divine, en fuyant la corruption qui existe dans le monde par la convoitise »*. L'Apôtre Pierre indiquait dans ce passage que la cause des corruptions qui existent dans le monde, est la convoitise : l'Homme né dans cette Sphère Temporelle et Mortelle convoite les Choses qui y sont ; il veut tout posséder, alors qu'il est de passage. Examinons pour un petit temps le Monde, les Hommes, les faits et événements dans le Monde, et nous comprendrons que les Convoitises Charnelles sont les causes des luttes et querelles. Le Principe Tentateur du Mal est attaché à la Chair de l'Homme né dans cette Sphère Temporelle et Mortelle, et si l'Homme n'a pas de Discernement, pour identifier et connaître très vite le But Ultime de son Passage sur Terre, il sera succombé à ses convoitises et passions dévorantes, à ses propres Pensées. *1° Si nous méditons bien sur ce qui avait précédé la construction de l'Arche sacrée par Noé et le Déluge ; 2° Si nous méditons bien sur ce qui avait précédé la construction de la Tour de Babel, la confusion des langues et la dispersion des Hommes ; 3° Si nous méditons bien sur ce qui avait précédé la destruction de Sodome et Gomorrhe ; 4° Si nous méditons bien sur ce qui avait précédé la révolte de Koré, Dadhan et Abarim et leur châtiment ; 5° Si nous méditons bien sur la chasse des vendeurs de bœufs, de brebis, de pigeons et des changeurs dans le Temple de Dieu, par Jésus-Christ ; nous comprendrons que l'exercice de la chair est bien pour peu de chose et que nos Pensées, sont des Entités Vitales Energétiques, qui peuvent nous déduire si elles sont opposées aux Pensées de Dieu.* **Epître de l'Apôtre Jacques 3 : 1** ***« D'où viennent les luttes, et d'où viennent les querelles parmi vous ? N'est-ce pas de vos passions qui combattent dans vos membres ? »***. Les Passions de la Chair sont les réelles origines des guerres, des conflits, des luttes, des querelles…Le Principe Tentateur du Mal, l'Attraction du Mal qui se trouve dans la Chair de l'Homme, est son principal ennemi. Dans cette Dimension Terrestre, Corporelle, Mortelle et Horizontale, l'Homme doit comprendre que rien de dura éternellement. Il doit comprendre que les choses sont vouées à la Vanité des Vanités, à la Loi de l'Impermanence des Choses, dans cette Dimension Terrestre du Monde d'en Bas : nos efforts matériels ne nous accompagneront pas en Bien, mais seront plus tôt des obstacles pour notre Rédemption Spirituelle. L'Homme attaché à sa Chair, à ses Ardeurs Cupides, est un Homme en Perdition et en Condamnation ; c'est un mendiant tant bien même qu'il soit riche, possédant la Nourriture Charnelle et le Vêtement Charnel. S'il meurt sans se repentir, son Ame ira en Jugement et en Enfer, la place où vivent ceux qui sont aminés d'Ardeurs Cupides, possédés de démons impurs. Est-ce que le Paradis existe réellement ? Est-ce que l'Enfer existe réellement ? Quelqu'un est-il allé visiter le Paradis pour nous rendre témoignage ? **Deuxième Epître de l'Apôtre Paul aux Corinthiens 12 : 1-4** ***« Il faut se glorifier…Cela n'est pas bon. J'en viendrai néanmoins à des visions et à des révélations du Seigneur. 2 Je connais un homme en Christ, qui fut, il y a quatorze ans, ravi jusqu'au troisième ciel (si ce fut dans son corps je ne sais, si ce fut hors de son corps je ne sais, Dieu le sait). 3 Et je sais que cet homme (si ce fut dans son corps ou sans son corps je ne sais, Dieu le sait) 4 fut enlevé dans le paradis, et qu'il entendit des paroles ineffables qu'il n'est pas permis à un homme d'exprimer ».*** L'Apôtre Paul, Huit ans, après ses Baptêmes, avait eu la Grâce de Dieu d'être enlevé dans le Paradis et d'entendre des paroles ineffables qu'il n'est pas permis à un homme d'exprimer. Je connais également, un homme, qui avait eu la Grâce de Jésus-Christ, d'être enlevé dans le Troisième Ciel dans une Nuit, et qui était accompagné par quelqu'un en apparence du Fils de l'Homme, habillé dans une robe blanche, dans le Paradis de l'Eden. Il disait que le Paradis était un lieu calme, paisible, où il y a la Vie, le mouvement. C'est un Jardin, il y a des espaces verts, des herbes, des fleurs biens dressées et d'une beauté indescriptible, bougeant au mouvement doux du vent. Il disait qu'il avait aussi entendu comme l'Apôtre Paul, des paroles ineffables. Si le Paradis n'existe pas, alors, où se trouve l'Espérance des Chrétiens ? Si la Vie Eternelle n'existe pas, alors, où se trouve l'Espérance des Chrétiens ? C'est la certitude de la Vie après la Mort, la certitude du Jugement Dernier, la certitude du Paradis et de l'Enfer, qui nous approche de Dieu et qui nous donnent la Bonne Foi, la Bonne Volonté, l'Amour de le chercher, de le connaître et de découvrir son Royaume. *1° Si l'Homme abandonne toutes ses Pensées Charnelles qui sont contraires aux Pensées de Dieu ; 2° Si l'Homme abandonne ses ardeurs cupides, passions aveugles, prétentions insupportables, vanités, convoitises, qui sont du domaine de la Chair ; 3° Si l'Homme demeure dans la Parole de Dieu, en aimant Dieu de tout son Cœur, de toute son Ame et de toute sa Force, en aimant son prochain comme lui-même ; 4° Si l'Homme se consacre à unir son Esprit Intime à l'Esprit de Dieu, à dépouiller sa vie du Viel Homme, à revêtir l'Homme Nouveau par le Don du Saint-Esprit, à travers Prières, Jeûnes, Supplications, la mise en pratique des Nourritures Spirituelles Pures (les Huit Pensées de Sanctification de l'Apôtre Paul-***Epître de l'Apôtre Paul aux Philippiens 4 : 8** ***« Au reste, frères, que tout ce qui est vrai, tout ce qui est honorable, tout ce qui est juste, tout ce qui est pur, tout ce qui est aimable, tout ce qui mérité l'approbation, ce qui est vertueux et digne de louange, soit l'objet de vos pensées »,*** *les Sept Vertus Spirituelles de la Sagesse d'en Haut de l'Apôtre Jacques-***Epître de Jacques 3 : 17-18** ***« La sagesse d'en haut est premièrement pure, ensuite pacifique, modérée, conciliante, pleine de miséricorde et de bons fruits, exempte de duplicité, d'hypocrisie. Le fruit de la justice est semé dans la paix par ceux qui recherchent la paix*** *»), avec Courage, Obstination, Abnégation, Détermination, avec une Bonne Volonté et une Bonne Foi ; il atteindra certainement le Niveau de Perception des Saints, la Plénitude de la Divinité de Dieu ; il vivra ici-bas dans la Vie de Communion avec Dieu et avec son Fils Jésus-Christ.* Il connaîtra la

Paix, la Joie, le Bonheur et la Réussite ! Il connaîtra réellement que ceux qui font les guerres, les conflits, les luttes, les querelles, sont des aveugles spirituels. L'Enfer est le lieu réservé, aux Hommes qui ne veulent pas abandonner leurs Pensées Charnelles. L'Enfer est le lieu destiné à ceux qui aiment et pratique le Mal, qui vivent dans des ardeurs cupides. Comparativement au Paradis, qui fait très bon à vivre, l'Enfer, est un lieu horrible, cruel, animé d'Ames de Vie cupides, idolâtres, calomniateurs, voleuses, impures, injustes, égoïstes, qui aiment et pratiquent le mensonge. Toutes les impuretés et abominations y sont présentes. Les anges déchus, qui sont des esprits méchants démoniaques, tentent de l'autre côté, de faire chuter d'autres ici-bas et ils sont contents quand ils ont fait chuté des Hommes, afin qu'ils puissent venir les rejoindre. ***Epître de l'Apôtre Paul aux Ephésiens 6 : 12** **« Car nous n'avons pas à lutter contre la chair et le sang, mais contre les dominations, contre les autorités, contre les princes de ce monde de ténèbres, contre les esprits méchants dans les lieux célestes »***, ces esprits méchants dans les lieux célestes, dans les Demeures Impures dont l'Enfer, qui sont des anges déchus, tourmentés par toute sortes de mauvais tourments, deviennent des obstacles, des ennemis des Ames de Vie qui sont disposées à réaliser leur propre Crucifixion pour leur Rédemption Spirituelle. Si les auteurs des guerres, des conflits, des luttes, les querelles, luttent pour la Chair et le Sang, dont les fruits sont temporels et périssables, voués à la Vanité des Vanités, à la Dimension Horizontale et Terrestre de l'Impermanence des Choses et dont la fin est le Jugement et l'Enfer ; l'Apôtre Paul nous commandait à lutter pour le Salut de l'Ame; ce qui est meilleure et nous libère de la Loi du Péché et de la Mort pour toujours. ***Deuxième Epître de l'Apôtre Paul à Timothée 3 : 1-4** **« 3 Sache que, dans les derniers jours, il y aura des temps difficiles. 2 Car les hommes seront égoïstes, amis de l'argent, fanfarons, hautains, blasphémateurs, rebelles à leurs parents, ingrats, irréligieux, 3 insensibles, déloyaux, calomniateurs, intempérants, cruels, ennemis des gens de bien, 4 traîtres, emportés, enflés d'orgueil, aimant le plaisir plus que Dieu, 5 ayant l'apparence de la piété, mais reniant ce qui en fait la force ».***

...§...

Cantique Spirituel

SAINT-ESPRIT, MON REDEMPTEUR!
(Holy Spirit, My Redeemer!)

1. Saint-Esprit, le Péché m'a séparé de Dieu !
Saint-Esprit, je suis condamné à causes de mes convoitises charnelles !
Saint-Esprit, ma vie est pleine d'inquiétudes et de vanités !

Refrain :
Saint-Esprit, vient me purifier de mes iniquités !
Saint-Esprit, vient dérouler de dessus moi, l'opprobre de mes péchés !

Saint-Esprit, vient m'amener dans la vie de communion avec Dieu !

2. Saint-Esprit, communique-moi les Pensées de Dieu !
Saint-Esprit, enseigne-moi les Voies de Dieu !
Saint-Esprit, amène-moi dans le Royaume de Dieu !

3. Saint-Esprit, je veux que mon Corps Corruptible, revête l'Incorruptibilité !
Saint-Esprit, je veux que mon Corps Mortel, revête l'Immortalité !
Saint-Esprit, je veux me libéré du Péché et de la Mort !

SAINT-ESPRIT, MON REDEMPTEUR!
(Holy Spirit, My Redeemer!)
©Kokoutsè Djissénou, Composition : Vendredi 20/03/2020,
La Copie de cette Chanson nécessite la permission de l'Auteur.

...§...

« Regardez les oiseaux du ciel : ils ne sèment ni ne moissonnent, et ils n'amassent rien dans des greniers ; et votre Père céleste les nourrit. Ne valez-vous pas beaucoup plus qu'eux ? », Là, le Seigneur, nous invitait à chercher la vraie nourriture, qui est Céleste et non Terrestre. La vraie nourriture que l'Ame a besoin est Céleste, ce sont les Pensées du Père, Hiérarchies Supérieures Invisibles, composées de Puissantes Nourritures Spirituelles. C'est ce que le Père, nous invite à chercher, et de laisser tomber les Nourritures Terrestres qui sont Visibles et Passagères. Le Père nous invitait à nous nourrir des Eléments Vitaux Energétiques Célestes qui sont Eternelles et à nous éloigner des inquiétudes. Les Oiseaux du Ciel, sont-ils illuminés que les Etres Humains ? Si les Oiseaux du Ciel savaient ceci, c'est qu'ils connaissaient mieux le Père que nous les Hommes…alors Notre Seigneur Jésus-Christ, nous commandait de regarder les Oiseaux, d'apprendre d'eux, le chemin de la Véritable Illumination Christique. Le Seigneur voulait nous dire que ce sont les Hiérarchies Célestes Supérieures, les Demeures Supérieurs qui sont nos Véritables Nourritures. Les Oiseaux ne s'inquiètent pas sans cesse, ils ne réfléchissent pas sans cesse, ils n'émettent pas des Pensées Terrestres…Car s'inquiéter, c'est semer, et semer se termine par moissonner ; quiconque sème, moissonne, puis amasse. Si les Oiseaux ne vivent pas dans des inquiétudes, c'est qu'ils ne sèment pas non plus ; ils sont donc en Harmonie avec le Père Céleste, qui les nourrit. Les inquiétudes sont comme des Eléments Vitaux Energétiques que nous semons, tôt ou tard, nous les récolteront.

« 27 Qui de vous, par ses inquiétudes, peut ajouter une coudée à la durée de sa vie ? », question d'Eveil Spirituel ! Les inquiétudes ne peuvent pas ajouter une coudée à la durée de la vie de l'Homme, au contraire elles peuvent retrancher des durées à la durée de la vie de l'Homme. Voilà la cause du vieillissement précoce et de la Mort précoce des êtres humains. Les inquiétudes ! L'Homme qui s'inquiète est donc malade, il est malade, car ce sont ces propres inquiétudes qui vont retrancher des coudées à la durée de sa vie…L'Homme trop inquiet, vieillisse vite. L'Homme trop inquiet de la vie, des situations de la vie, de son passé, de son futur, meurt vite. Et si les oiseaux vivent longtemps, c'est qu'ils ne s'inquiètent pas.

« 28 Et pourquoi vous inquiéter au sujet du vêtement ? Considérez comment croissent les lis des champs : ils ne travaillent ni ne filent », Autre comparaison spirituelle, le Seigneur nous appelait à voir comment poussent les herbes, les arbres dans les champs. A vrai dire, le grain de mais qu'on met dans le sol, ne travaille pas, c'est le Père céleste qui fait tout : lui donne l'eau de pluie, lui apporte ses nourritures pour bien croitre et porter des fruits. Nous pouvons comprendre ceci, que les lis des champs captent leurs nourritures directement du Père Céleste. Ils ne vivent pas dans des inquiétudes ; ils ouvrent grandement les bras au Père Céleste de les nourrir, et ils en reçoivent de lui autant qu'ils le souhaitent. L'Illumination Christique, ne dépend pas du travail physique et charnel. L'effort pour être né de nouveau est dans la Dimension Spirituelle, Céleste et Verticale de l'Homme. C'est un effort qui élève l'Homme pécheresse, en perdition, de tout ce qui l'attache dans sa Nature Inférieure, Terrestre et Mortelle comme les voiles de ténèbres, les vieux manteaux, les passions aveugles et chaotiques, les prétentions insupportables, les vanités, les corruptions, les convoitises, pour le ramener dans sa Nature Supérieure, permettant son accession à la Plénitude de la Divinité de Dieu et le réconcilie avec la Nature Divine du Père Céleste. La posture des lis des champs est aussi à considérer ! Regardons un peu attentivement un arbre, considérer la vie d'un arbre : posez-vous des questions sur son existence, comment il vit ? Comment il se nourrit ? Qui lui donne la nourriture et le vêtement ? Avez-vous dans votre maison, un arbre, un manguier, un papayer, un cocotier ? L'arbre est là, oui il est toujours là, débout, concentrant toute son attention sur sa position, qui ne tient pas des circonstances. En cas de chaleur, de froid, ou de pluie, ou de vent, ou de feu, l'arbre est toujours là ; il lie sa vie à celle du Père Céleste, qui le nourrit. Si vous avez un arbre dans votre maison, commencez par le regarder attentivement et vous verrez que c'est une merveilleuse créature de Dieu, qui amène tout droit vers l'Illumination Christique. L'arbre ne s'inquiète point de sa vie de ce qu'elle va manger ou de quoi protéger son écorce ; il s'attache fermement à la Providence Divine, il élimine toutes les idées d'inquiétude de son existence, il élimine toutes Pensées fausses, non honorables, injustes, impures, non aimables, qui ne méritent pas l'approbation, non vertueuses, qui ne sont pas dignes de louange, de son existence. L'arbre adhère ainsi aux Pensées Eternelles du Pères, aux Hiérarchies Célestes Supérieures du Pères, aux Eléments Vitaux Energétiques du Père ; en l'examinant c'est comme il ouvre grandement ses branches (ses bras) au Père Céleste de lui nourrir. Le Seigneur Jésus-Christ nous demandait à en faire autant.

« 29 cependant je vous dis que Salomon même, dans toute sa gloire, n'a pas été vêtu comme l'un d'eux », le roi Salomon était considéré dans l'Ancien Testament, comme l'Homme le plus Sage. Mais le Seigneur Jésus-Christ nous disait que les herbes sont plus illuminées que Salomon. Si on pouvait nous montrer la réelle nature des arbres, nous comprendrons ce que le Seigneur voudrait dire. Autour d'un arbre, à part son Corps Physique que nous avons l'habitude de voir, il y a un autre Corps, il y a le Corps Spirituel de l'arbre. Celui-ci est entouré de l'auréole de l'arbre, de ses Energies, ses Corps Subtils Invisibles aux travers desquels il se nourrit directement via la Providence Divine.

« 30 Si Dieu revêt ainsi l'herbe des champs, qui existe aujourd'hui et qui demain sera jetée au four, ne vous vêtira-t-il pas à plus forte raison, gens de peu de foi ? », Dieu revêt les herbes des champs ; Dieu donne à l'herbe de quoi il a besoin pour survivre, et si nous aussi nous avons la Foi, d'appliquer l'enseignement, d'apprendre de l'herbe, Dieu nous nourrira peu importe les moments et les situations. Le Seigneur nous appelle à un Eveil Spirituel ! Il nous demande d'examiner et d'apprendre de la nature, d'apprendre des oiseaux, d'apprendre des arbres.

« 31 Ne vous inquiétez donc point, et ne dites pas : Que mangerons-nous ? Que boirons-nous ? De quoi serons-nous vêtus ? », Les inquiétudes se déversent dans les monde par l'intermédiaire du langage. Et le Seigneur nous donnait un Commandement ; nous devons arrêter de nous inquiéter, arrêter de parler des propos inquiets. Alors si nous arrivons à arrêter l'inquiétude, nous connaîtrons la Paix, la Joie, l'Harmonie. Beaucoup de personnes dans le Monde, sont malades, à cause de leurs Pensées, des inquiétudes. Y-a-t-il une solution à l'inquiétude de l'Homme ? Oui, la réponse, c'est d'arrêter de s'inquiéter, car l'inquiétude est une attraction mortelle, un tueur silencieux. L'homme connaîtra des circonstances de Joie et de Bonheur, s'il arrive à écarter de sa vie, toute idée de Pensées inquiétantes.

« 32 Car toutes ces choses, ce sont les païens qui les recherchent. Votre Père céleste sait que vous en avez besoin », l'Homme inquiet est à la recherche des certaines choses. Lesquelles ? Les repas, les boissons, les vêtements. Et Jésus-Christ nous disait que ce sont les Incroyants, les Incrédules c'est-à-dire des gens qui ne connaissent pas le Père, des gens qui sont dominés par leurs propres Volontés et Pensées, qui recherchent ces choses. Mais Dieu, dans sa Souveraineté, sait que ses créatures ont besoin de manger, de boire, de se vêtir…tout comme il sait qu'une herbe a besoin de nourriture, de l'eau, d'écorce, de feuilles, de racines…. Alors que devons-nous faire pour bénéficier de toutes ces choses ?

« 33 Cherchez premièrement le royaume et la justice de Dieu ; et toutes ces choses vous seront données par-dessus », connaitre premièrement Dieu, connaître premièrement le Royaume de Dieu, accéder premièrement à la Nouvelle Naissance, vivez conformément aux Lois d'Harmonie de Dieu, marcher sur les traces de Jésus-Christ, et la Providence Divine vous donnera toutes ces choses. Le Seigneur Jésus-

Christ disait qu'il n'était pas venir pour abolir la Loi ; les Lois d'Harmonie de la Providence Divine, sont Vraies et existent aux siècles des siècles. L'effort à faire, c'est de retrouver les Pensées de Dieu, retrouver les Voies de Dieu et de marcher conformément à ses Voies, et le Père Céleste nous donnera tout ce dont on a besoin. Le Royaume de Dieu, c'est la Connaissance de Dieu ; c'est connaître les Pensées et les Voies de Dieu

« 34 Ne vous inquiétez donc pas du lendemain ; car le lendemain aura soin de lui-même. A chaque jour suffit sa peine », vivez comme l'herbe du champ, vivez comme un arbre, qui est debout là, ferme et tenace, ne regardant pas derrière, ni devant, qui tient ferme sur le Moment Présent. Vivez comme un arbre, qui ne s'inquiète pas du lendemain, de son futur, mais qui concentre toute son Energie sur l'*Etat de Présence Christique d'Intemporalité (EPCI*). Vivez comme les Oiseaux des Cieux, qui vivent dans l'Amour Infini du Père et qui apprécient chaque jour comme un cadeau de Dieu…pour les Oiseaux, « à chaque jour suffit sa peine », pour les herbes et les arbres « à chaque jour suffit sa peine »… « Jour », considéré, comme seconde, minute, heure, un temps allant d'un début à une fin, un cycle sans fin ; donc le Seigneur ramène la Vie de l'Homme Illuminé, au Moment Présent, en écartant le Passé et le Futur qui sont les deux pôles des inquiétudes, des Volontés et Pensées Terrestres et Mortelles.

§

ET SI NOUS SEMONS DE BONNES PENSEES ? LA LOI DE SEMER ET DE MOISSONNER.

Galates 6 : 7-8

« Ne vous y trompez pas : on ne se moque pas de Dieu. Ce qu'un home aura semé, il le moissonnera aussi. 8 Celui qui sème pour sa chair moissonnera de la chair la corruption ; mais celui qui sème pour l'Esprit moissonnera de l'Esprit la vie éternelle ».

L'Homme sème ses Pensées qui sont des Eléments Vitaux Energétiques, des Puissantes Nourritures Spirituelles, qui, tôt ou tard, ont des effets sur lui en Bien ou en Mal. Le plus souvent, ses effets se manifestent par des signes tels que des troubles de l'humeur, des troubles du sommeil, des troubles de l'état physique, des troubles du métabolisme ; ce qui nous amène à l'hôpital. Commencer par surveiller ses propres Pensées, permet de découvrir leurs effets sur la Vie, leurs rôles dans la survenue du Vieillissement, de la Maladie, et de la Mort. Tout comme l'Homme se nourrit de nourritures (salades, riz, spaghettis, pains, poissons..), qui lui apportent des Nutriments, qui sont des Eléments Vitaux Energétiques, utiles pour le bon fonctionnement de l'ensemble de son organisme ; les Pensées qu'il émette, sont également de Puissantes Nourritures Spirituelles, qui peuvent être périssables ou non périssables, selon qu'elles proviennent de la Chair ou de l'Esprit…Très souvent nous ignorons que ce qui sort de notre bouche, a été d'abord conçue dans Notre Pompe Personnelle de Stockage de Pensées qui se trouve au fond de notre Ame. « L'exemple des employés mal traités est très utile pour éclairer ceci : un employé qui est mal traité dans une entreprise, essaie au fond de lui-même de trouver satisfaction. Il médite sans cesse, sur sa condition de travail…il pense au mal, à la révolte, au changement, à l'amélioration de sa situation. Dans la plupart du cas, les Pensées emmagasinées par l'employé dans son Ame, grandiront, seront magnétisées et attirées dans sa vie de Puissantes Entités Spirituelles Impures ; celles-ci deviendront tellement sophistiquées et nuisibles, qu'un jour, elles s'exploseront exactement comme une bombe. On comprend le déchaînement de certains employés mal payés, mal traités, en cas de grève de revendication de meilleure condition de travail. On comprend aussi le déchaînement de certains employés mal payés, mal traités, en cas de petit problème entre leur responsable ; ils déversent des paroles de révoltes, d'insultes, qui surprennent tout le monde ; ils font des actions de révoltes, qui surprennent les gens. Tout simplement parce qu'ils avaient conçus durant plusieurs mois ou années, ses paroles et actions dans leurs Pensées et que celles-ci ont été emmagasinées dans leur Pompe de Stockage de Pensées. Au moment opportun, celles-ci jaillissent avec force et puissance comme une bombe ». On pourra également comprendre les réactions de certaines femmes, qui ont été mal traitées par leurs maris, et qui se sont tuent d'elles-mêmes pendant des années, encaissant les coups ; emmagasinant les mauvais traitements au fond d'elles-mêmes…très souvent, un jour, une petite situation de dispute ou de querelle, ou un petit malentendu survient dans la famille avec le mari, et elles déversent toutes ses pensées emmagasinées sur leurs maris, sous forme de paroles dures et de comportements anormaux. « Ce fut également l'exemple d'une femme qui avait jeté l'opprobre de ses Pensées Charnelles sur ses enfants : ce fut une jeune femme qui s'étant mariée, se sentait mal traitée par son mari. Elle disait n'avoir pas trouvé le bon mari, disait être déçu de son choix. Dans son foyer de déception, elle n'avait eu que des filles. Et très souvent, quand elle était dans la maison avec ses jeunes filles, elle répétait ces paroles 'ce qui m'arrive dans ce foyer, ne va jamais vous arriver, les mauvais traitements que mon mari m'inflige dans ce foyer, ne vont jamais vous arrivés'…avec le temps ses filles ont grandies et avaient commencé par se marier. Au lieu de laisser ses filles choisissent les jeunes hommes de leurs cœurs ; au lieu de laisser ses filles implorer la Miséricorde de Dieu de les aider à avoir des maris qui craint Dieu et qui vont vivre dans la crainte de Dieu ; elle se disait ce qui m'avait arrivé, ne va plus arriver à mes filles, et elle se mêlait aux choix de ses filles. A la fin, ses filles étaient chacune mariée à un homme qui les frappait, qui les avaient mis presque dans les mêmes conditions que leur mère…ce qui les avait toutes amené à quitter leurs maris et à revenir rester auprès de leur mère qui les avaient toutes reçus…comme telle mère-telle fille, comme telle pensée-telle naissance, comme pourrit dedans-pourrit dehors et bien dedans-bien dehors. Ces Pensées qui étaient des Eléments Vitaux Energétiques faux, non honorables, injustes, impurs, non aimables, qui ne méritent pas l'approbation, non vertueux, non dignes de louange qu'elle concevait depuis des années, avaient données naissances à des êtres humains (Ames de

Vie) possédant les mêmes Eléments Vitaux Energétiques avec les mêmes caractères biologiques ».

« Ce qu'un home aura semé, il le moissonnera aussi », si penser amène à moissonner, alors nos Pensées doivent respecter les Lois d'Harmonie de la Divine Providence. L'Homme ne va pas se mettre à penser parce qu'il est doté d'un Corps, d'une Ame et d'un Esprit ; sinon il serait victime de ses propres Pensées. La Parole de Dieu nous indique que *« la langue est un feu »* - ***Epître de Jacques 3 : 6a***, et si nous admettons que 'le parler vient après le penser', alors ce sont les choses que le penser avait conçues, emmagasinées, qui seront déversées au dehors de nous, sous formes de paroles. En conclusion, nos Pensées sont des Entités Vivantes de Feu. La nature de ce feu dépendra de la Nature de nos Pensées. Si nos Pensées sont du domaine du Premier Homme, Adam, de notre Nature Inférieure Corporelle de l'Inconscient Collectif, dominée par les Affections de la Chair ; elles moissonneront des Entités Destructives Vivantes de Feu contraire au Feu de l'Esprit-Saint, qui finiront par créer un déséquilibre total dans notre organisme. Déséquilibre hormonale, déséquilibre lipidique, troubles du métabolisme, troubles du rythme cardiaque, troubles du transit intestinal,…peuvent être dues aux Pensées Charnelles de l'Homme Charnel, qui sont des Entités Vivantes de Feu, c'est-à-dire des Eléments Vitaux Energétiques Impures et Destructifs pour les cellules de l'organisme. Les Pensées Charnelles, sont des Entités Destructives Vivantes de Feu, qui font la guerre à l'Ame et à l'Esprit.

« Celui qui sème pour sa chair moissonnera de la chair la corruption », les Pensées de l'Homme Charnel sont Terrestres et Périssables. Les Pensées de toute personne qui est née dans cette Sphère Temporelle et Mortelle, est Charnelle, appartenant à l'Ordre de l'Inconscient Collectif et ses Lois de causalité. Si nos Pensées appartiennent à notre Première Origine, au domaine du Premier Homme, Adam, l'Homme Corporel, elles nous amènent dans des vies de Corruption. Donc toutes Pensées Charnelles, amènent tôt ou tard en Corruption. Qu'est-ce que nous pouvons regrouper dans l'expression Pensées Charnelles ? Les Pensées Charnelles englobent, les ardeurs cupides (envies, intérêts, égoïsmes), les inquiétudes, les prétentions insupportables, les passions aveugles et chaotiques, les convoitises charnelles, les rebelles et colères,… Si notre vie est attachée aux Pensées Charnelles, elle nous amène dans la Corruption. C'est quoi la Corruption ? La Corruption dans un sens social du mot, est le détournement à des fins privées d'un pouvoir confié en délégation, c'est le détournement d'une chose avec une ou plusieurs personnes dans le dessein, pour le corrupteur, d'obtenir des avantages ou des prérogatives particulières ou, pour le corrompu, d'obtenir une rétribution en échange de sa complaisance. La Corruption désigne le fait pour une personne investie d'une fonction déterminée (publique ou privée) de solliciter ou d'accepter un don ou un avantage quelconque en vue d'accomplir, ou de s'abstenir d'accomplir, un acte entrant dans le cadre de ses fonctions. On distingue la Corruption Active, le fait de proposer le don ou l'avantage quelconque à la personne investie de la fonction déterminée et la Corruption Passive, le fait pour la personne investie de la fonction déterminée, d'accepter le don ou l'avantage. Nous pouvons facilement comprendre à travers la définition de la Corruption selon son emploi dans la société, qu'elle émane de la Nature Inférieure, du domaine de l'Inconscient Collectif, des Pensées opposées aux Pensées de Dieu. Mais cette Corruption, peut être également une Corruption Spirituelle. Dans ce cas, l'Homme détourne son Corps, qui est le Temple de Dieu, quelque chose qui est sacrée, à des abominations. L'homosexualité, est une forme de Corruption Spirituelle du Corps de l'Homme. Quand un homme se marie avec un homme ou une femme se marie avec une femme, je l'appelle Corruption Spirituelle du Corps. J'aimerais parler d'une forme de Corruption Spirituelle dont beaucoup de jeunes m'ont fait cas. La masturbation. J'ai eu à consulter des jeunes qui se donnent à la masturbation. C'est quoi la masturbation ? Est-ce une bonne chose ? Est-ce un Péché ? La masturbation, signifie se souiller soi-même par ses propres mains. Celui qui se masturbe, utilise sa main, qu'il imprègne d'huile, de produits qui excitent les parties intimes, qui excitent le sexe ; il crée à travers ses Pensées, des circonstances favorables à l'excitation des organes des sens, et de son appareil génital. Il se donne plaisir, avec des Entités Spirituelles Invisibles qui sont en relation avec ses Pensées. La première forme de la masturbation biblique, concernait un personnage appelé Onan, du nom d'onanisme. ***Genèse 38 : 9-10** « 9 Onan, sachant que cette postérité ne serait pas à lui, se souillait à terre lorsqu'il allait vers la femme de son frère, afin de ne pas donner de postérité à son frère. 10 Ce qu'il fallait déplut à l'Eternel, qui le fit aussi mourir ».* Onan avait un frère qui avait une femme, son frère était méchant aux yeux de Dieu, et Dieu le fit mourir. Le Père d'Onan, lui disait de prendre la femme de son frère, pour susciter une postérité à son frère, comme s'était dans leur tradition. Onan avait accepté, mais lorsqu'il se couchait avec la femme de son frère, il éjaculait par terre. Conséquence, Dieu le fut mourir. Se masturber, est comme vivre dans la Corruption Spirituelle, détourner ses spermes qui sont réservés au rapport sexuel entre un homme et une femme à des Entités Spirituelles Invisibles. Et le plus souvent, celui qui se masturbe, n'a plus trop le désir des Hommes faits à l'image de Dieu ; il a des maris invisibles, qui lui demandent sans cesse de se masturber, car ces maris invisibles qui sont des esprits méchants et démoniaques, prennent plaisir de ses moments de masturbation et de ses éjaculats et sécrétions. Avec le temps, celui qui se masturbe, perd tout contact avec les Hommes, il se déprime, se sèche comme une herbe qui manque d'Eau c'est-à-dire de Nourritures Spirituelles, d'Eléments Vitaux Energétiques Purs…il devient une personne possédée et tourmentée d'esprits mauvais. La Bible dit que nous sommes le Temple de Dieu, le Temple du Saint-Esprit. Lorsque nous détournons nos Corps vers les Affections de la Chair, vers les impuretés, nous sommes perdus, possédés de démons impurs. Quelqu'un peut effectivement mourir jeune, s'il est un accro de la masturbation. La masturbation éloigne de l'Homme la Chance et les Bénédictions de Dieu. Que faire pour vaincre les esprits de la masturbation ? Que faire pour se libérer de la masturbation ? La masturbation affecte les Pensées de l'Homme masturbateur, elle affecte son Ame. La libération passe premièrement par la surveillance de ses Pensées, de sa vie ; petit-à-petit l'homme se rendra compte qu'il est réellement possédé, commandé par des esprits invisibles qui lui poussent à se masturber. Vous comprendrez qu'il existe un ensemble d'éléments que j'appelle « le déclencheur de la masturbation » - qui vous rappelle chaque fois d'aller vous masturber. Une fois que vous connaissez « le déclencheur de la masturbation », vous pouvez maintenant le chasser défensivement de votre vie. La deuxième démarche consiste donc à prier et à ordonner fortement à l'esprit ou aux esprits qui vont poussent à masturber de vous quitter et de ne jamais revenir auprès de vous. Vous devez le faire exactement comme je le décris. Les ordonner à haute voix, de vous quitter, gronder fortement sur eux : « à partir de maintenant, je vous ordonne vous-esprits mauvais, esprits démoniques, qui me poussent à me masturber de me quitter, et de ne jamais revenir, de ne jamais me tourmenter. Dans le Nom Puissant de Jésus-Christ, dans le Sang de Jésus-Christ le Sauveur ». La troisième démarche consiste enfin, à orienter votre vie vers votre nouvelle vie d'imitateur des Saints, écarter vos Pensées d'impuretés, de toute idée de masturbation, remplissez vos Pensées avec des choses qui sont vraies, qui sont honorables, qui sont justes, qui sont pures, qui sont aimables, qui méritent l'approbation, qui sont vertueuses, qui sont dignes de louange. Sortez de votre zone de confort de masturbation, débarrassez-vous de ce qui vous incite à la masturbation, les vidéos pornographiques, les DVD, les revues qui exposent les parties intimes des Hommes, les photos…réorganiser votre maison, votre chambre, nettoyer votre chambre, désinfecter les choses, brûler les impuretés, réorganisez votre Homme Intérieur…Etablissez un programme personnelle de rencontre avec Dieu ***(cf. Tableau N°4 : Comment prévenir les maladies, et avoir une vie harmonieuse et de bonne santé ?)***

« celui qui sème pour l'Esprit moissonnera de l'Esprit la vie éternelle », Voilà la solution ! Si nos Pensées proviennent du Saint-Esprit, alors elles nous apportent la Vie, la Santé, la Paix, la Joie, le Bonheur, des Bénédictions. Si nos Pensées sont des Œuvres de l'Esprit de Dieu, alors elles nous apportent la tranquillité et le repos de l'Ame. La question de l'Illumination Christique consiste donc à faire naître en chaque Ame de Vie, les Pensées de Dieu, à travers l'effusion du Saint-Esprit ; ce qui nous permet d'avoir la Vie Eternelle. L'Homme né de nouveau est donc celui-là qui avait abandonné toutes ses Pensées Charnelles et Périssables, qui l'entraînaient toutes dans la Corruption, et donc dans la Perdition et la Condamnation ; qui avait opéré le Changement Spirituel nécessaire pour mener la Vie de Consécration, afin d'atteindre le niveau de Perfection des Saints, par la mise en pratique des Nourritures Spirituelles Pures (les Huit Pensées de Sanctification de l'Apôtre Paul-***Epître de l'Apôtre Paul aux Philippiens 4 : 8*** ***« Au reste, frères, que tout ce qui est vrai, tout ce qui est honorable, tout ce qui est juste, tout ce qui est pur, tout ce qui est aimable, tout ce qui mérité l'approbation, ce qui est vertueux et digne de louange, soit l'objet de vos pensées »***, les Sept Vertus Spirituelles de la Sagesse d'en Haut de l'Apôtre Jacques-

***Epître de Jacques 3 : 17-18** « La sagesse d'en haut est premièrement pure, ensuite pacifique, modérée, conciliante, pleine de miséricorde et de bons fruits, exempte de duplicité, d'hypocrisie. Le fruit de la justice est semé dans la paix par ceux qui recherchent la paix »,* à travers Persévérance, Obstination, Courage et Volonté, afin de devenir un Enfant de Lumière possédant les Pensées du Saint-Esprit. L'Apôtre Paul indiquait que l'Homme Spirituel, l'Homme né de nouveau, a la Pensée de Christ. ***Première Epître de l'Apôtre Paul aux Corinthiens 2 : 16** « Or nous, nous avons la pensée de Christ ».* La Nouvelle Naissance des Ames de Vie nées dans cette Sphère Temporelle et Mortelle, passe obligatoirement, pour tous les descendants d'Adam, par l'abandon de leurs Pensées Charnelles et la conquête de la Pensée de Christ ! Lorsque quelqu'un arrive à acquérir la Pensée de Christ et à demeurer uniquement dans celle-ci, alors il a atteint la Perfection des Saints. La Rédemption Spirituelle, passe donc par la conquête de la Pensée de Christ, c'est-à-dire, l'acquisition du don de l'Omniscience ou de la Prophétie, qui nous permettra de lire directement dans la Lumière du Seigneur, dans la Nature Divine, et de ne point subir l'influence de notre Chair; c'est ce qui fera de nous des Sacrificateurs de Dieu, des Elus, Saints et bien-aimés de Dieu. Nous serons ainsi appelés des Saints, appartenant à l'Ere de la Justice et de la Paix de Melchisédech. Nous aurons reconquis le Pouvoir du Verbe Créateur de Dieu, tel qu'Adam l'avait dès le début de la Création dans le Jardin d' Eden. Les Quatre (04) tableaux suivants, résument les effets de nos Volontés et Pensées Charnelles sur nous ; ils montrent comment nos Pensées sont des Conceptions Vivantes, des Eléments Vitaux Energétiques, que nous semons, moissonnons, amassons et enfantons, tout comme une mère conçoive un bébé durant des mois, et après l'enfante. Ils nous permettent de mieux nous connaître nous-même, de savoir comment nous sommes victimes de nos Pensées Charnelles, et nous montre à travers leurs découvertes, les voies à suivre pour mener la Vie de Paix et d'Harmonie que nous cherchons. Ils nous permettent également de comprendre les différentes réactions qui existent au sein des personnes d'une même famille, d'une même assemblée, d'un même peuple, d'une même nation ; ils permettent de comprendre les disparités qui existent en matière des comportements et sentiments des uns et des autres dans la société. Il existe dans nos sociétés, des gens colériques, anxieux, déloyaux, cruels, ennemis des gens du bien, traîtres, emportés, aimant le plaisir plus que Dieu, cupides, égoïstes, intempérants, calomniateurs, médisants, idolâtres, adultères, fornicateurs, voleurs, querelleurs, inquiets, tristes à tout moment, arrogants, avares, amis de l'argent, fanfarons, hautains, blasphémateurs, rebelles à leurs parents, ingrats, irréligieux, insensibles, qui aiment et pratiquent le mensonge,… ; tout simplement parce qu'ils sont esclaves de leurs propres Pensées Charnelles. Il existe également dans nos sociétés, des gens humbles, doux, patients, généreux, bienveillants, pacifiques, heureux, miséricordieux, tolérants, affectifs, souriants,… ; tout simplement parce qu'ils émettent des Pensées qui reflètent l'état de leur Homme Intérieur.

Tableau N°1 : Les effets de la consommation des Pensées Charnelles

Pensées semées dans le Corps-Ame-Esprit	Pensées moissonnées dans le Corps-Ame-Esprit	Pensées amassées dans le Corps-Ame-Esprit
Inquiétudes (problèmes affectifs, financiers,...)	Colère	Dépression, Anxiété, Insomnie, Idées pessimistes et suicidaires
Pensées fausses	Mensonge	Fraude, Calomnie, Médisance, Commérage, Convoitise
Pensées non honorables	Arrogance	Echec, Désordre, Outrage, Dispute, Inimitié, Cupidité
Pensées injustes	Injustice	Intérêt, Envie, Egoïsme, Corruption
Pensées impures	Impureté	Fornication, Adultère, Masturbation, Homosexualité, Pornographie, Idolâtrie, Débauche, Sectes
Pensées non aimables	Haine	Mépris, Trahison, Avarice, Egocentrisme, Méchanceté, Dissolution, Querelle, Jalousie
Pensées qui ne méritent pas l'approbation	Ruse	Confusion, Vol, Perdition, Erreur, Excès de table, Ivrognerie, Ravissement, Enchantement,
Pensées non vertueuses	Ignorance	Intempérance, Témérité, Concupiscence, Vanité, Orgueil, Meurtre
Pensées qui ne sont pas dignes de louange	Tristesse	Culpabilité, Division, Animosité, Irritabilité, Mécontentement, Idées du suicide, Idolâtrie.

[[1]**Evangile selon Matthieu 6 : 26** « Regardez les oiseaux du ciel : ils ne sèment ni ne moissonnent, et ils n'amassent rien dans des greniers ; et votre Père céleste les nourrit. Ne valez-vous pas beaucoup plus qu'eux ? » ; **Epître de l'Apôtre Paul aux Galates 6 : 7-8** « Ne vous y trompez pas : on ne se moque pas de Dieu. Ce qu'un home aura semé, il le moissonnera aussi. 8 Celui qui sème pour sa chair moissonnera de la chair la corruption ; mais celui qui sème pour l'Esprit moissonnera de l'Esprit la vie éternelle »].

Tableau N°2 : Les effets de la consommation des Pensées de Dieu

Pensées semées dans le Corps-Ame-Esprit	Pensées moissonnées dans le Corps-Ame-Esprit	Pensées amassées dans le Corps-Ame-Esprit
Pensées vraies	Vérité	Paroles de Bénédictions, Pouvoir du Verbe Vivant de Dieu, Paix
Pensées honorables	Honneur	Autorité de Dieu, Grandeur, Paix, Gouvernance, Leadership
Pensées justes	Justice	Justice, Paix
Pensées pures	Pureté	Sainteté, Occupations aux affaires du Seigneur, Humilité, Paix
Pensées aimables	Amour	Paix, Bonté, Bienveillance, Charité, Générosité, Aumônes
Pensées qui méritent l'approbation	Satisfaction	Discernement, Volonté de Dieu, Sagesse, Paix
Pensées vertueuses	Vertus Spirituelles	Dons Spirituels, Paix
Pensées qui sont dignes de louange	Louanges	Occupations aux affaires du Seigneur, Dévotion, Piété, Chant, Musique, Paix

[[2]**Evangile selon Matthieu 6 : 26** « Regardez les oiseaux du ciel : ils ne sèment ni ne moissonnent, et ils n'amassent rien dans des greniers ; et votre Père céleste les nourrit. Ne valez-vous pas beaucoup plus qu'eux ? » ; **Epître de l'Apôtre Paul aux Galates 6 : 7-8** « Ne vous y trompez pas : on ne se moque pas de Dieu. Ce qu'un home aura semé, il le moissonnera aussi. 8 Celui qui sème pour sa chair moissonnera de la chair la corruption ; mais celui qui sème pour l'Esprit moissonnera de l'Esprit la vie éternelle »].

Tableau N°3 : Les causes profondes spirituelles de certaines maladies

Les mauvaises manières	Causes spirituelles[3]	Signes physiques	Maladies
Pensées Charnelles 1. Consommer des ardeurs cupides (envies, intérêts, égoïsmes), 2. Consommer des prétentions insupportables, 3. Consommer des vanités, de la concupiscence,… 4. Consommer des inquiétudes (problèmes affectifs, financiers…)	1. Effets des Esprits Méchants dans les lieux célestes, 2. Effets des Eléments vitaux Energétiques Charnels (Affections de la Chair) 3. Effets des Energies Géohumaines (Environnements Envoutés par des Hommes : environnement possédé de démons impurs, d'esprits mauvais de mort, de stérilité et d'échec, 5. Effets des Opprobres (Péchés et iniquités des parents, incestes, 6. Effets des péchés contre la Maison de Dieu (on ne vole pas dans la Maison de Dieu, on ne fait l'amour dans la Maison de Dieu,…).	1. Colères terribles, 2. Insomnie, 3. Amaigrissement, 4. Troubles du rythme cardiaque, 5. Troubles du sommeil, 6. Troubles des menstruations, 7. Tristesse, 8. Témérité, 9. Irritabilité, 10. Mécontentement, 11. Malaise, 12. Surpoids, 13. Dyspepsie, 14. Constipation, 15. Brûlures abdominaux…	1. Hypertension Artérielle, 2. Accidents Vasculaires Cérébraux (AVC), 3. Impuissance sexuelle, 4. Ejaculation précoce, 5. Baisse de la libido, 6. Masturbation, 7. Aménorrhée, 8. Ménopause précoce, 9. Neuropathie, 10. Dépression, 11. Psychose, 12. Démence, 13. Obésité, 14. Diabète, 15. Ulcère gastroduodénale, 16. Plaies incurables, 17. Fausses couches, 18. Stérilité… 19. Mort
Mauvaise Alimentation 1. Consommer des aliments trop gras, 2. Consommer des aliments trop salé, 3. Consommer des aliments trop sucré.			
Manque d'activité physique (la sédentarité)			
Pollution de l'environnement			
Agressions des microbes : bactéries, parasites, champignons, virus…			
Agressions des allergènes : pollens de fleurs, poils d'animaux, acariens,…			

[**3Epître de l'Apôtre Paul aux Ephésiens 6 : 12** « Car nous n'avons pas à lutter contre la chair et le sang, mais contre les dominations, contre les autorités, contre les princes de ce monde de ténèbres, contre les esprits méchants dans les lieux célestes » ; **Epître de l'Apôtre Paul aux Galates 5 : 19-21** « Or, les œuvres de la chair sont manifestes, ce sont l'impudicité, l'impureté, la dissolution, 20 l'idolâtrie, la magie, les inimitiés, les querelles, les jalousies, les animosités, les disputes, les divisions, les sectes, 21 l'envie, l'ivrognerie, les excès de table, et les choses semblables. Je vous dis d'avance, comme je l'ai déjà dit, que ceux qui commettent de telles choses n'hériteront point le royaume de Dieu » ; **2 Roi 2 : 19-22** « Les gens de la ville dirent à Elisée : Voici, le séjour de la ville est bon, comme le voit mon seigneur ; mais les eaux sont mauvaises, et le pays est stérile. 20 Il dit : Apportez-moi un plat neuf, et mettez-y du sel. Et ils le lui apportèrent. 21 Il alla vers la source des eaux, et il y jeta du sel, et dit : Ainsi parle l'Eternel : J'assainis ces eaux ; il n'en proviendra plus ni mort, ni stérilité. 22 Et les eaux furent assainies, jusqu'à ce jour, selon la parole qu'Elisée avait prononcée » ; **Lamentations de Jérémie 5 : 1 et 7** « Souviens-toi, Eternel, de ce qui nous est arrivé ! Regarde, vois notre opprobre ! » ; « Nos pères ont péché, ils ne sont plus, et c'est nous qui portons la peine de leurs iniquités » ; **Josué 5 : 9** « L'Eternel dit à Josué : Aujourd'hui, j'ai roulé de dessus vous l'opprobre de l'Egypte. Et ce lieu fut appelé du nom de Guilgal jusqu'à ce jour » ; **1 Samuel 2 : 17, 22b et 33b** « Ces jeunes gens se rendaient coupables devant l'Eternel d'un très grand péché, parce qu'ils méprisaient les offrandes de l'Eternel », 22b « il apprit aussi qu'ils couchaient avec les femmes qui s'assemblaient à l'entrée de la tente d'assignation », 33b « mais tous ceux de ta maison mourront dans la force de l'âge »].

Qu'est-ce que je définis par Energie Géohumaine ? C'est l'influence exercée par l'implantation dans la terre, de certains talismans (esprits mauvais, idoles) dans certaines habitations humaines, par des Hommes. C'est une cérémonie qu'on fait sous formé d'un rituel mystique, en vue de se protéger contre les autres, ou d'attirer des biens. Certains le font dans leur lieu de vente, pour attirer des clients, on implante dans la terre quelque chose sous forme d'idole. Certains le font dans leur propre habitation, en vue de d'attirer des biens et la santé. « J'avais assisté à quelque chose en 2012, dans une maison de location, qui m'avait beaucoup marqué. C'était une jeune couple marié, ayant deux enfants qui vivaient en couple dans leur propre maison. Et dans la maison, le propriétaire a construit de nouvelles chambres pour les locataires. Alors je cherchais une chambre à louer et une amie m'avait informé qu'il y avait une pièce dans cette maison. J'étais allé et après discussions avec le propriétaire, j'étais intéressé à rester dans la maison. J'avais payé mon avance. Et je me suis déménagé dans la maison aussitôt. Il y a avait encore des quelques chambres en cours de construction dans la maison. Mais durant les quelques mois, que j'avais passé dans la maison, j'ai constaté que les locataires ne restaient pas longtemps dans la maison. Chacun quitte seulement après un an de loyer. Un jour, j'étais dans mes courses en ville, et après mes courses, j'avais besoin d'aller prendre quelque chose chez moi. Arrivé dans la maison, j'avais assisté à ce que j'appelle Énergie Géohumaine. Alors que les chambres sont presque en finition, ou il ne reste qu'à poser les carreaux, le propriétaire fait appel, à un monsieur en torse nu, et pagne blanc à la ceinture, avec des talismans, des préparations mystiques, que ce dernier mettait dans le sol de la chambre en cours de finition. Après avoir implanté ses préparations, il répétait des incantations, des invocations d'esprits mauvais…et après il partit. Les jours qui suivaient, le maçon était venu poser les carreaux. Le bâtiment étant fini, le résultat final est très attractif pour tout locataire en quête de chambre ; mais, sous le sol de chaque chambre, il y a des idoles (préparations mystiques) dont le propriétaire seul connait ses besoins et exigences. C'est ainsi qu'on peut subir les effets néfastes de certains lieux parce qu'ils sont dotés d'Entités Energétiques Impures implantées par des Hommes. On peut arriver dans certains lieux, et voir toutes ses affaires coulées à l'eau, ou avoir de graves problèmes de santé… »

Tableau N°4 : Comment prévenir les maladies, et avoir une vie harmonieuse et de bonne santé ?

J'avais beaucoup décrit la Double Nature de l'Homme dans ce livre. Une Nature Inférieure Corporelle liée au Corps Terrestre Visible et une Nature Supérieure Spirituelle liée au Corps Céleste Spirituel Invisible. Le Corps Terrestre est le Corps Matériel visible, composé de biomolécules, de cellules, de tissus, d'organes, d'appareils et dont l'ensemble forme l'organisme. Le Corps Céleste Invisible, qui constitue tout ce qui entoure le Corps Terrestre des Saints. Exemple de l'ombre de l'Apôtre Pierre, dont les éclats guérissent les malades. Chaque Corps possède sa propre fréquence vibratoire. Le Corps Terrestre est Visible pour nos sens physiques, parce que sa fréquence vibratoire est basse ; alors que le Corps Céleste ne l'est pas parce qu'il a une fréquence vibratoire très élevée. Lorsque quelqu'un est rempli du Saint-Esprit, son Corps Céleste est rayonnant, et émet des éclairs exactement comme une lampe, lorsqu'elle éclaire une chambre - c'est la preuve de l'Ombre de l'Apôtre Pierre. Et c'est justement ce que Notre Seigneur Jésus-Christ, demandait à tout le monde. ***Evangile selon Luc 11 : 33-36** « 33 Personne n'allume une lampe pour la mettre dans un lieu caché ou sous le boisseau, mais on la met sur le chandelier, afin que ceux qui entrent voient la lumière. 34 Ton œil est la lampe de ton corps. Lorsque ton œil est en bon état, tout ton corps est éclairé ; mais lorsque ton œil est en mauvais état, ton corps est dans les ténèbres. 35 Prends donc garde que la lumière qui est en toi ne soit ténèbres. 36 Si donc tout ton corps est éclairé, n'ayant aucune partie dans les ténèbres, il sera entièrement éclairé, comme lorsque la lampe t'éclaire de sa lumière !*

». L'Harmonie totale règnera dans le Corps Physique Terrestre Inférieure, lorsque l'Homme sera rempli du Saint-Esprit ; et c'est cela la Nouvelle Naissance, que le Sans Forme qui est l'Homme Intérieur, le Corps Spirituel puisse remplir totalement le Corps Physique, la Forme, le Visible…. Le Saint-Esprit doit nous remplir totalement pour que notre Corps soit totalement éclairé ; à cause de ce trope « *n'ayant aucune partie dans les ténèbres* ». La Purification, créée autour du Corps Physique Terrestre d'un Homme, un ensemble de Corps Subtils Purs, d'Entités Spirituelles Pures, de Vibrations d'Energies Subtiles Invisibles, qui peuvent guérir les malades, qui peuvent changer l'atmosphère d'un lieu, qui peut délivrer les personnes possédées de démons impurs.

Recommandations	Conseils pratiques – Santé Physique et Spirituelle
Lecture	Demeurez en tout temps dans la Parole de Dieu, à travers lecture biblique.
Méditation	Méditez en tout temps de la Parole de Dieu
Jeûnes	Faire des Jeûnes périodiques surtout début Mars (Pâques), début Mai (Pentecôte), début Septembre (Saint Michel), début Décembre (Noël).
Veilles et Prières	Vivez en mode veilles ! Priez en tout temps ! Avoir un programme personnel de Prière quotidienne devant le Seigneur. Une heure de prière de 22heure à 23heure est convenable.
Aumônes	Faites des aumônes aux démunis, assistez des veuves, orphelins, et prisonniers
Hygiène de vie	Ayez une alimentation saine et équilibrée ; pratiquez l'hygiène corporelle, l'entretien du linge, l'entretien du cadre de vie (propreté de l'environnement), une activité physique (30 minutes de marche par jour)
Sanctification	Ayez une vie intime avec le Saint-Esprit ; demeurez dans les Pensées de Dieu ; pratiquez les Huit Pensées de Sanctification de l'Apôtre Paul et les Sept Vertus Spirituelles de la Sagesse d'en Haut de l'Apôtre Jacques.

[[4]**Josué 1 : 8** « Que ce livre de la loi ne s'éloigne point de ta bouche ; médite-le jour et nuit, pour agir fidèlement selon tout ce qui y est écrit ; car c'est alors que tu auras du succès dans tes entreprises, c'est alors que tu réussiras » ; **Epître de l'Apôtre Paul aux Philippiens 4 : 8** « Au reste, frères, que tout ce qui est vrai, tout ce qui est honorable, tout ce qui est juste, tout ce qui est pur, tout ce qui est aimable, tout ce qui mérité l'approbation, ce qui est vertueux et digne de louange, soit l'objet de vos pensées » ; **Epître de Jacques 3 : 17-18** « La sagesse d'en haut est premièrement pure, ensuite pacifique, modérée, conciliante, pleine de miséricorde et de bons fruits, exempte de duplicité, d'hypocrisie. Le fruit de la justice est semé dans la paix par ceux qui recherchent la paix » ; **Evangile selon Luc 11 : 36** « Si donc tout ton corps est éclairé, n'ayant aucune partie dans les ténèbres, il sera entièrement éclairé, comme lorsque la lampe t'éclaire de sa lumière ! » ; **3 Jean 2** « Bien-aimé, je souhaite que tu prospère à tous égards et sois en bonne santé, comme prospère l'état de ton âme » ; **Actes 5 : 12-16** « 12 Beaucoup d miracles et de prodiges se faisaient au milieu du peuple par les mains des apôtres. Ils se tenaient tous ensemble au portique de Salomon, 13 et aucun des autres n'osait se joindre à eux ; mais le peuple les louait hautement, 14 Le nombre de ceux qui croyaient au Seigneur, homme et femmes, s'augmentaient de plus en plus ; 15 en sorte qu'on apportait les malades dans les rues et qu'on les plaçait sur des lits et des couchettes, afin que, lorsque Pierre passerait, son ombre au moins couvrît quelqu'un d'eux. 16 La multitude accourait aussi des villes voisines à Jérusalem, amenant des malades et des gens tourmentés par des esprits impurs ; et tous étaient guéris » ; **Actes 5 : 11-12** « 11 Et Dieu faisait des miracles extraordinaires par les mains de Paul, 12 au point qu'on appliquait sur les malades des linges ou des mouchoirs qui avaient touché son corps, et les maladies les quittaient, et les esprits malins sortaient »].

CONCLUSION

Les Pensées dictent le fonctionnement de l'organisme de l'Homme. Les Pensées définissent l'Homme. L'Ame de l'Homme est le conteneur de ses Pensées. Chaque Homme, a dans son Ame, une Pompe Personnelle de Stockage de Pensées, qui est le conservateur de ses Pensées. L'Homme porte dans son Ame, ses Pensées qui définissent sa naissance, son enfance, sa jeunesse, son adulte, sa vieillesse et sa mort. Sa vie, est visiblement lisible dans son visage. A travers ce livre, vous savez maintenant ce que signifie une Pensée, que je définis comme étant une image, un symbole, une représentation visible ou invisible, sur laquelle l'on concentre ses sens physiques et spirituels, ou que l'on contemple régulièrement. Et vous savez également les effets des Pensées sur l'Homme Extérieur et Intérieur. Vous savez désormais la Double Nature des Pensées et de l'Homme. Vous savez désormais que vous êtres le capitaine de vos Pensées ; ce n'est pas le Monde de vous commander, de vous imposer son rythme ; ce n'est pas les inquiétudes de vous imposer les choses ; ce n'est pas les Volontés et les Pensées de votre Chair de vous imposer les choses…mais la décision provient de vous. Vous être l'auteur, l'artiste de votre vie ! Votre Corps est le Temple de Dieu, il peut devenir un Corps Corruptible remplit d'impuretés, si vous laisser n'importe quoi y entrer (la masturbation, la pornographie, les mensonges, les disputes, les querelles, les passions aveugles et chaotiques, les convoitises charnelles, les désirs insupportables, les intérêts, les envies, les égoïsmes, les corruptions,…)…Vous savez désormais l'importance des Pensées pour les Ames de Vie. Les Pensées sont semblables aux nourritures que l'Homme consomme pour être en bonne santé. Tout comme l'Homme lutte pour avoir une bonne alimentation, gagne d'un bon fonctionnement de son organisme ; tout comme une femme va au marcher et achète des aliments pour préparer un repas, pour le bien-être de sa famille, telles sont aussi le rôle des Pensées pour l'Homme Intérieur, pour l'Ame et l'Esprit. Elles sont des Substances Spirituelles que nous consommons, elles sont de Puissantes Nourritures Spirituelles, de Puissants Eléments Vitaux Energétiques pour l'Ame et l'Esprit. Il y a deux catégories de Nourritures Spirituelles : les Nourritures Spirituelles Impures (ardeurs cupides, passions aveugles et chaotiques, convoitises charnelles, erreurs de l'ignorance, prétentions insupportables, colères terribles, vanités, inquiétudes,…) et les Nourritures Spirituelles Pures (les Huit Pensées de Sanctification de l'Apôtre Paul-***Epître de l'Apôtre Paul aux Philippiens 4 : 8* « *Au reste, frères, que tout ce qui est vrai, tout ce qui est honorable, tout ce qui est juste, tout ce qui est pur, tout ce qui est aimable, tout ce qui mérité l'approbation, ce qui est vertueux et digne de louange, soit l'objet de vos pensées »,*** et les Sept Vertus Spirituelles de la Sagesse d'en Haut de l'Apôtre Jacques-***Epître de Jacques 3 : 17-18* « *La sagesse d'en haut est premièrement pure, ensuite pacifique, modérée, conciliante, pleine de miséricorde et de bons fruits, exempte de duplicité, d'hypocrisie. Le fruit de la justice est semé dans la paix par ceux qui recherchent la paix »).*** Lorsque nous pensons aux Nourritures Spirituelles Impures, nous tombons sous la domination de notre Homme Inférieure, de la Loi du Péché et de la Mort. Mais lorsque nous pensons aux Nourritures Spirituelles Pures, aux Huit Pensées de Sanctification de l'Apôtre Paul, aux Sept Vertus Spirituelles de la Sagesse d'en Haut de l'Apôtre Jacques, nous sortons de l'Inconscient Collectif et ses Lois de Causalité, nous accédons à la Conscience Différenciée de l'Universel, et nous recevons en héritage le Sceptre de la Souveraineté de Dieu, nous ne sommes plus comme des brebis errantes, mais nous sommes retournés vers le Pasteur et le Gardien des Ames. C'est le chemin retour menant à la libération des Pensées Charnelles et Mortelles ; le processus d'Evolution et d'Illumination Christique, menant à la Jérusalem Céleste. Il passe par Cinq étapes qui sont : *1° Identification des Pensées Mortelles des Hommes et des Pensées Immortelles de Dieu (***Ésaïe 55 : 8-9** *« 8 Car mes pensées ne sont pas vos pensées, et vos voies ne sont pas mes voies, dit l'Eternel. 9 Autant les cieux sont élevés au-dessus de la terre, autant mes voies sont élevées au-dessus de vos voies et mes pensées au-dessus de vos pensées ») ; 2° Domination des Pensées Mortelles des Hommes (***Epître de l'Apôtre Paul aux Philippiens 4 : 8** *« Au reste, frères, que tout ce qui est vrai, tout ce qui est honorable, tout ce qui est juste, tout ce qui est pur, tout ce qui est aimable, tout ce qui mérité l'approbation, ce qui est vertueux et digne de louange, soit l'objet de vos pensées ») ; 3° Pratique des Vertus Spirituelles (***Epître de Jacques 3 : 17-18** *« La sagesse d'en haut est premièrement pure, ensuite pacifique, modérée, conciliante, pleine de miséricorde et de bons fruits, exempte de duplicité, d'hypocrisie. Le fruit de la justice est semé dans la paix par ceux qui recherchent la paix ») ; 4° Accession à la Perfection des Saints (***1 Jean 1 : 3** *« ce que nous avons vu et entendu, nous vous l'annonçons, à vous aussi, afin que vous aussi vous soyez en communion avec nous. Or, notre communion est avec le Père et avec son Fils Jésus-Christ ») ; 5° Reconquête des Pensées Immortelles de Dieu (***1 Corinthiens 2 : 16** *« Or nous, nous avons la pensée de Christ »).* Une pratique quotidienne, une préoccupation de tous les instants ; dans l'Amour avec une entière Persévérance, amène à l'Accomplissement Divin, à la Plénitude de la Vie, à la possession des Pensées de Dieu et au retour des Ames de Vie errantes vers le Pasteur et le Gardien des Ames. Soyez doux et humbles pour reconquérir la Pensée de Christ, et lorsque vous l'aurez reconquise, soyez encore plus doux et humbles comme le Christ ! Vivez désormais comme le Christ, dans la Douceur et l'Humilité !

…§…

A PROPOS DE L'AUTEUR

Kokoutsè Djissénou est né au Togo, où il passe sa vie. Il est formateur des agents des services sociaux. Il consacre toute sa vie, à la recherche, à la compréhension des Saintes Ecritures ; la Vie Eternelle, le Royaume de Dieu, le Péché, la Mort, la Résurrection des Morts, le Jugement Dernier, bref la Véritable Mission du Christ. A l'âge de 39 ans, il connut une Profonde Evolution Spirituelle qui le transforma et changea radicalement le cours de son existence. Consécration et Méditation des Saintes Ecritures, l'ont amené à approfondir cette Transformation Spirituelle qui marqua chez lui, le début d'une Vie Intime avec le Seigneur. Il est Chrétien, et vit actuellement à Lomé, Togo. Grâce à ce livre, un plus grand auditoire pourra enfin profiter de ses enseignements.

Kokoutsè Djissénou
Téléphone : (00228)90765101 ou (00228)97007235
Contact Whatsapp : (00228)90765101
E-mail : djissproduction@gmail.com
Lomé-Togo

…§…

Printed by Books on Demand GmbH, Norderstedt / Germany